Kaffee-Irrtümer

Robert Rosskamp – Rolf Sauerbier

Kaffee-Irrtümer

mit 39 Abbildungen

Edition Temmen

Die Deutsche Bibliothek verzeichnet diese Publikation in der Deutschen Nationalbibliografie; detaillierte bibliografische Daten sind im Internet unter http://dnb.ddb.de abrufbar.

Umschlaggestaltung: Rike Janssen, Oldenburg
Fotos: Dietmar Banck, Robert Rosskamp, Rolf Sauerbier

Hohenlohestr. 21 – 28209 Bremen

Tel. +49-421-34843-0 – Fax +49-421-348094

info@edition-temmen.de
www.edition-temmen.de

Printed in the EU

ISBN 978-3-8378-4058-2

Inhalt

„Der Kaffee gleitet schmeichelnd hinab in den Magen, und dann gerät alles in Bewegung: Die Ideen rücken an wie die Bataillone der großen Armee auf dem Schlachtfeld: der Kampf beginnt …“

Honoré de Balzac

Vorwort

Depresso, what else ...

Bücher über Kaffee gibt es zahlreich: gute und interessante, aber leider auch viele, die nicht nur erhebliches Unwissen über das weltweit beliebteste Getränk verbreiten, sondern auch bewusst oder unbewusst, ideologisch oder weltanschaulich Fehler oder Falschaussagen beinhalten. Häufig geschrieben von „Kaffeehausliteraten", von denen Anton Kuh gesagt hat: Das sind Menschen, die Zeit haben, darüber nachzudenken, was die anderen draußen nicht erleben ...

Das vorliegende Buch möchte mit einer Reihe von Vorurteilen, Irrtümern, falschen Behauptungen und ideologisch geprägten Verirrungen etwas aufräumen. Und gleichzeitig Aspekte des Kaffeemarktes beleuchten, die in bisherigen Betrachtungen keine oder nur wenig Beachtung fanden.

Die Autoren haben über mehrere Jahrzehnte weltweit im Kaffeesektor gearbeitet und bringen genau die Erfahrungen ein, die Kaffeehausliteraten nicht vorweisen können. Die hier aufgestellten Thesen und Aussagen, die jederzeit einem harten, aber fairen Faktencheck standhalten, sind nicht als Provokation gemeint, vielmehr sollen sie als Anregung für weitere Diskussionen dienen. Kaffee soll auch weiterhin ein Genuss ohne Reue sein, oder kurz:

Depresso, what else ...

Robert Rosskamp, Rolf Sauerbier

1. Eine kurze Geschichte des Kaffees

Zuerst in die Botanik

Die Kaffeepflanze gehört zu der Pflanzenfamilie der Rubiazeen, der Rötegewächse, wie auch der heimische Waldmeister oder das Labkraut, und hierin zur Gattung der Erythrocoffea mit den weltweit am meisten angebauten Kaffeearten coffea arabica (Arabica-Kaffee) und coffea canephora (Robusta-Kaffee). Die Arten coffea liberica und coffea excelsa erlangten aufgrund ihrer langen Reifezeiten von 12 bis 14 Monaten keine große wirtschaftliche Bedeutung (31).

Die wichtigsten Arabica-Kaffee-Varietäten sind Typica, Bourbon, Caturra, Mundo Novo, Paca, San Bernardo, Villalobos und die neueren Hybride Catimor, Variedad Colombia, Catuai, Castillo und Geisha. Sie haben unterschiedliche Ansprüche an Düngung und Pflege entsprechend ihren genetischen Ertragspotentialen, aber nur minimale Unterschiede in der Tassenqualität. Boden, Klima, Höhenlage, Ernte, Aufbereitung, Lagerung und Verarbeitung bestimmen vor allem die Tasse.

Der Kaffee wächst aufgrund seiner Anforderungen an das Klima nur in den Tropen und Subtropen bis auf einer Höhe von ca. 2200 m ü. n. N. zwischen dem Wendekreis des Krebses im Norden und dem Wendekreis des Steinbocks im Süden rund um den Äquatorgürtel. In diesen Breiten sind die täglichen Temperaturschwankungen höher als die jährlichen; und dies löst wichtige metabolische Prozesse im Hinblick auf die Kaffeequalität aus, ebenso wie die Höhenlage im Zusammenhang mit dem Breitengrad.

Und in diesem sogenannten Kaffeegürtel sind die ca. 70 Kaffeeländer Entwicklungsländer, die mehr oder weniger vom Kaffeeexport abhängig sind. Nach Erdöl ist der Kaffee das zweitwichtigste Handelsgut und einer der weltweit größten Arbeitgeber, der 25 Millionen Menschen ein Auskommen gibt.

Mit 15–20 Mrd. US-$ Jahresumsatz ist der Kaffee das wichtigste Agrarprodukt im globalen Nord-Süd-Handel, der seit der Kolonialzeit ständiger Kritik ausgesetzt ist. Grund genug, dass der Kaffee zu einem beliebten Objekt der staatlichen, kirchlichen und gemeinnützlichen Entwicklungshilfe wurde — und auch zum Flaggschiff des „fairen“ Handels.

Die Grafik zeigt einen kontinuierlichen Produktionsanstieg von 1990 bis 2017, Angaben in tausend Sack à 60 Kg

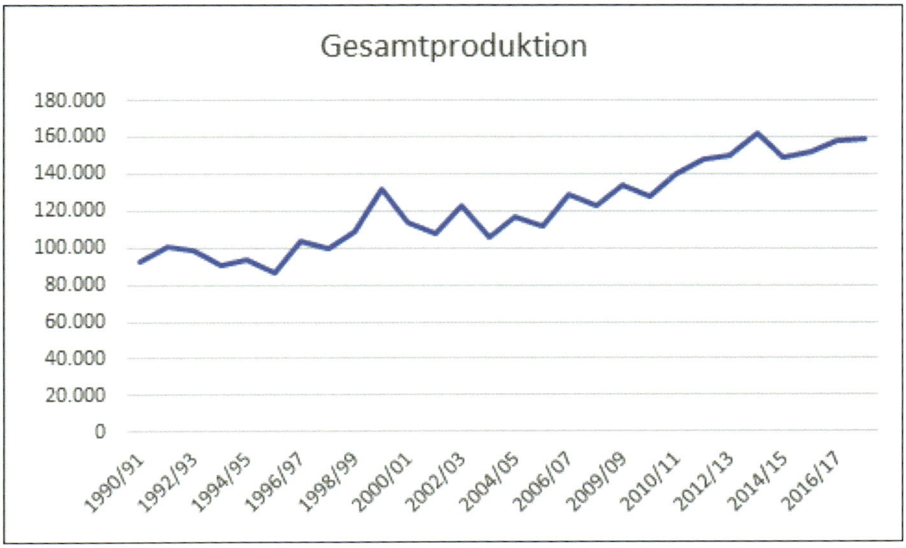

Globalisierung einer Bohne

Viele abenteuerliche Legenden ranken sich um die Entdeckung des Kaffeestrauches und den Ziegenhirten Hassan. Belegt scheint nur zu sein, dass der Kaffee im fünften Jahrhundert n. Chr. in Äthiopien gefunden wurde, angeblich in der Region Kaffa. Daher kommt aber nicht der Name „Kaffee"; dieser stammt ab vom Arabischen „qahwa" [sprich: Kachwé] und bedeutet später „Wein des Islams". Zwischen 575 und 890 brachten die Perser den Kaffee von Äthiopien auf die arabische Halbinsel, wo er fast tausend Jahre lang streng geschützt angebaut wurde.

Der Robustakaffee wurde erst 1860 in Uganda nahe dem Victoriasee entdeckt, Liberica und Excelsa sogar erst 1904 in der Nähe des Tschadsees, am Südrand der Sahara.

Die Araber exportierten Rohkaffee zunächst nach Syrien, wo 1530 das erste Kaffeehaus in Damaskus eröffnet wurde; dann in den Irak und die Türkei, wo 1554 ein Kaffeehaus in Konstantinopel erwähnt wird und später von Mokka im Jemen über Venedig nach Europa. Das bekannte „Caffé Florian" am

Markusplatz wurde 1720 eröffnet und hat heute noch geöffnet. In Deutschland stand das erste Kaffeehaus in Bremen und nicht in Hamburg (12).

In Afrika verbreitete sich der Kaffee über Mosambik nach Madagaskar, wo Holländer in den Besitz von Kaffeepflanzen gelangten und diese zunächst auf Ceylon (1658) und dann auf Java (1690) anbauten. Damit war das arabische Kaffeemonopol gebrochen.

1708 nahm der holländische Gouverneur von Java Van Hoorn einige Pflanzen mit nach Amsterdam, wo sie in den Gewächshäusern des Botanischen Gartens aufgezogen wurden. Eine Pflanze davon wurde Luis XIV, dem Sonnenkönig von Frankreich, geschenkt und im botanischen Garten von Paris vermehrt.

Zwischen 1714 und 1718 bauten die Holländer diesen Kaffee dann in Niederländisch-Guayana (Surinam) an; und in 1719 taten es die Franzosen in Französisch-Guayana, sodann in 1723 in Martinique, Guadalupe, Haiti und Bourbon.

Im Jahr 1727 wurde eine Kaffeepflanze von Surinam nach Brasilien geschmuggelt und von hier nach Paraguay und Peru. Damit war dann auch die holländische und französische Vormacht im Kaffeeanbau unterlaufen. Brasilien entwickelte sich schnell zum größten Kaffeeproduzenten der Welt.

Ab 1740 eroberte der Kaffee von Puerto Rico aus Mittelamerika. Zunächst gelangte er nach El Salvador und Guatemala (1750–1760) und 1784 nach Panamá, damals noch kolumbianische Provinz, und in den Jahren von 1796–1798 von Kuba nach Costa Rica und Honduras. Von Kolumbien aus verbreitete sich der Kaffeeanbau dann nach Ecuador und Bolivien. Kolumbien wurde zweitgrößter Kaffeeproduzent, und sein milder Arabica-Kaffee weltberühmt.

Mit der Lizenz zum Saufen

Bevor der Kaffee um 1700 seinen Siegeszug im Abendland antrat, befand man sich in Deutschland im Dauerrausch: Die Hauptmahlzeit von morgens bis abends bestand aus Biersuppe und Gerstensaft. Friedrich der Große versuchte vergeblich gegen den Kaffeegenuss seiner Untertanen einzuschreiten: *„Ein jeder Bauer und gemeiner Mensch gewöhnt sich jetzt zum Kaffee. Wird das ein bisschen eingeschränkt, so müssen sich die Leute wieder an Bier gewöhnen, denn das ist zum Besten ihrer eigenen Bierbrauereien. Übrigens sind Seine Königliche Majestät mit der Biersuppe erzogen wor-*

den. Ihre Väter kannten nur Bier, und das ist das Getränk, das für unser Klima passt"(7). Aber auch der Alte Fritz konnte den Siegeszug des Kaffees nicht aufhalten. Somit wurde der Kaffee zum großen Ernüchterer und ebnete so den Weg zu Revolutionen und Innovationen.

Dabei war der schwarze Muntermacher zunächst dem Adel vorbehalten, Kaffee wurde vielfach in Apotheken und natürlich eben auch zu Apothekerpreisen angeboten, bevor in Venedig, Paris, London, Bremen und Hamburg die ersten Kaffeehäuser öffneten und damit das Getränk auch dem gemeinen Volk zugänglich wurde.

London zum Beispiel machte Furore mit den „Penny Universities", Kaffeehäuser, für die man einen Penny als Eintrittsgeld zahlen musste. Hier traf sich die Geschäftswelt, hier fanden Gespräche und Unterhaltung statt. Berühmt und bis heute eine der ersten Adressen für Versicherungen ist „Lloyd", gegründet 1654 als „Lloyds Coffeehouse" in London, aus dem sich später eine der ersten Adressen für private Versicherungen entwickelte.

Dem Sturm auf die Bastille in Frankreich im Jahr 1789 ging eine Rede des Rechtsanwaltes und Journalisten Camille Desmoulins voraus, einem der Anführer der französischen Revolution. Die Rede hielt er in einem Café ...

Das in viele Kleinstaaten aufgeteilte bierselige Deutschland tat sich zunächst schwer mit dem neuen Getränk. Da die grünen Bohnen nicht aus Kolonien, sondern von England oder den Niederlanden zu hohen Preisen importiert wurden, war der Kaffee zunächst ein teures Luxusgut.

Friedrich der II., der Große, fürchtete um seine Staatsfinanzen und verbot per Dekret Privatleuten die Bohnen zu rösten oder zu besitzen. Zur Kontrolle seines Dekrets schickte er Soldaten als „Kaffeeschnüffler" durch die Straßen und belegte unerlaubtes Rösten mit saftigen Geldstrafen oder sogar einer 14-tägigen Haft. Öffentliche Kaffeeröstereien blieben jedoch unbehelligt. Erst nach seinem Tod wurde das Dekret wieder kassiert.

Aufgrund der hohen Preise wurde der gute Bohnenkaffee oftmals zweimal aufgegossen, der dann so dünn war, dass man den Tassenboden sehen konnte: So entstand der „Blümchenkaffee", bei dem man die Muster der Tasse leicht erkennen konnte. Aus ähnlichem Grund wurde Bohnenkaffee mit „Ersatzkaffee" aus Gerste und Malz vermischt, Franzosen nannten das Gemisch „Mocca faux", in Deutschland wurde daraus der „Muckefuck".

Unter Dichter, Denkern und Künstlern wurde Kaffee schnell zu einem Lieblingsgetränk. Ludwig van Beethoven ließ angeblich 60 Bohnen pro Tasse abzählen, um sein musikalisches Genie auf Touren bringen zu können. Und Johann Sebastian Bach schrieb die bis heute bekannte Kaffeekantate:

„Ei wie schmeckt der Kaffee süße, lieblicher als tausend Küsse, milder als Muskatenwein ...“.

Kuba, Quoten, Chrustschow und Onkel Ho

Der Kaffeemarkt hat und hatte schon von Beginn an politische Implikationen. Der Jemen verbot die Ausfuhr von Kaffeepflanzen und ließ grüne Kaffeebohnen nur abgekocht aus dem Land, um eine Keimung zu verhindern. Erst der Raub von Kaffeepflanzen durch Holländer ermöglichte die weltweite Verbreitung des Kaffeeanbaus rund um den Äquator. Lange Zeit beherrschten amerikanische Handelshäuser den Kaffeemarkt, nach deren Pleite dann später die Kaffeebörse in New York eröffnet wurde.

Das Auf und Ab der Kaffeepreise, s. a. „Schweine-Zyklus“, führte sowohl zu Überproduktionen als auch zu Marktverknappungen. Um eine neue Marktstabilität zu erreichen, wurde 1963 das „Internationale Kaffeeabkommen“ eingerichtet, das zu einer Preisregulierung durch Ausfuhrquoten führen sollte. Die meisten Importländer, allen voran die USA, stimmten dem Abkommen zu. Der sog. „Ostblock“ trat jedoch dem Abkommen nicht bei.

Das Internationale Kaffeeabkommen gilt bis heute als eines der wenigen Rohstoffabkommen und hielt immerhin 26 Jahre den Irrungen und Wirren des Marktes stand, während andere Abkommen zumeist nach wenigen Jahren scheiterten.

Die Funktionsweise war relativ einfach: Fielen die Preise unter ein bestimmtes Niveau, wurden die Ausfuhrquoten gekürzt, um den Markt zu stützen, bei Preisen oberhalb der Grenze wurden die Quoten erhöht. Der Mechanismus funktionierte einigermaßen reibungslos, allerdings schneller und effektiver, wenn die Preise steigen sollten.

Darüber hinaus tauchte das Phänomen des sog. „Touristenkaffees“ auf. Da die im Ostblock befindlichen Importländer nicht an das Abkommen gebunden waren, konnten sie außerhalb der Quoten Kaffee günstiger einkaufen, den sie dann teilweise an Länder weiterverkauften, die sonst nur quotierten Kaffee importieren konnten.

Für die USA hatte das Abkommen vor allem politische Bedeutung. Nachdem Castro Kuba in das sozialistische Lager geführt hatte und viele Mittel- und südamerikanische Länder auf Hilfe von Chrustschow angewiesen waren, sollte das Kaffeeabkommen dazu beitragen, eine drohende Verarmung der Landbevölkerung zu verhindern und somit kommunistischen Annäherungen den Boden entziehen. Heißer Kaffee im kalten Krieg!

Erst als 1989 der Ostblock kollabiert, gleichzeitig die Rohkaffeelager in den Erzeugerländern zum Bersten voll sind, ist das Abkommen nicht mehr zu halten. Insbesondere die Amerikaner sehen keine politische Notwendigkeit für eine Regulierung des Kaffeemarktes mehr und kündigen ihre Mitgliedschaft auf, mit der Folge, dass es auch für den „Rest der Welt" nicht mehr haltbar war. Die Quotenregelung wurde suspendiert, d. h. ausgesetzt, aber nicht eliminiert. Der Gralshüter des Abkommens, die International Coffee Organisation, kurz ICO, mit Sitz in London, erfüllt heute vor allem Aufgaben der Kaffeestatistik und Beratung.

Der Wegfall der Quoten führte dazu, dass die Lagerbestände in den Erzeugerländern abgebaut werden konnten, allerdings mit der Folge sinkender Preise. Gleichzeitig tauchte ein neuer Anbieter auf dem Rohkaffeemarkt auf, mit dessen Geschwindigkeit niemand gerechnet hatte.

Waren bis in die 1990-er Jahre Brasilien, Kolumbien und Indonesien die größten Kaffeeproduktionsländer, kamen Onkel Ho's Enkel immer mehr auf den Kaffeegeschmack und schafften es innerhalb von wenigen Jahren, Kolumbien von Platz 2 zu verdrängen.

Oft wird behauptet, die Weltbank hätte den Kaffeeboom Vietnams gefördert. Es wurden, so Wikipedia, Regenwälder gerodet und Ureinwohner vertrieben. Richtiger ist, dass die Regenwälder eher amerikanischen Gifteinsätzen zum Opfer fielen. Gleichzeitig war es das Ziel der vietnamesischen Regierung, ethnischen Gruppen, die im Land umherzogen, eine feste Bleibe zu ermöglichen. Dafür erhielten sie Land für den Anbau von Kaffee.

Die Weltbank unterstützte dieses Vorhaben, aber in einem nur sehr geringen Umfang. Heute ist Vietnam-Kaffee eine feste Größe im internationalen Kaffeemarkt. Auch wenn viele Röster z. B. in Deutschland bestreiten, jemals Vietnam-Kaffee einzusetzen, bleibt es dennoch verwunderlich, dass Deutschland einer der größten Importeure des Robustas aus den Plantagen um Dak Lak ist.

2. Der Schweinezyklus

Was hat Kaffee mit dem Schweinebauch gemeinsam?

Ende der Fünfzigerjahre versuchte Prof. Arthur Hanau in Göttingen seinen Agrarstudenten das Cobweb-Theorem zu erklären, das Auftreten zyklischer Schwankungen von Angebot und Nachfrage um einen Gleichgewichtspreis herum. Seine grafische Darstellung an der Tafel erinnerte an ein Spinnennetz, und das verwirrte die Studenten umso mehr.

Hanau war Diplomlandwirt und hatte in Pommern während seiner Lehrzeit mit Schweinen zu tun. Das half ihm, seinen Studenten diese theoretischen Zusammenhänge ganz praktisch zu erklären. 1927 hatte er bereits in seiner Dissertation das Spinnwebtheorem, also den Anpassungsprozess an Marktungewichte als Schweinezyklus benannt und damit für diese Theorie den praktischen Beweis erbracht.

Die Bauern müssen heute festlegen, wie viele Schweine sie nächstes Jahr verkaufen wollen. Da sie den Schweinepreis des nächsten Jahres nicht kennen, treffen sie ihre Entscheidung auf Grundlage des heutigen Preises. Liegt der hoch, bringen sie alle ihre Sauen zum Eber, mit der Folge, dass es im nächsten Jahr zu einem Überangebot an Schweinen kommt. Als Konsequenz sinkt der Schweinepreis im nächsten Jahr, mit der Folge, dass die Bauern im nächsten Jahr ihre Sauen nicht belegen lassen, was dann im übernächsten Jahr aufgrund der geringeren Mengen wieder zu steigenden Preisen führt, usw. usw.

Nun lehrten Prof. Hanau, und auch alle nachfolgenden landwirtschaftlichen Marktlehrer, dass die Schweinezüchter antizyklisch handeln müssen, um sich aus diesem Spinnennetz zu befreien. Tun sie aber bis heute nicht, und die Kaffeepflanzer tun es auch nicht.

Die Kaffeepflanze trägt bereits nach 3 Jahren ihre ersten Kirschen, neue Hybridsorten auch schon früher, und erreicht, je nach Varietät, nach fünf bis sieben Jahren Höchsterträge. Somit entscheiden die Kaffeepreise, die 5 bis 7 Jahre früher geherrscht haben, über die Angebotsmengen der jeweils gegenwärtigen Periode. Damals entschloss sich der Bauer, und mit ihm etwa 3 Mio. Kaffeebauern in 70 Anbauländern weltweit, ob und wie viele Neuanpflanzungen zu tätigen waren. Die Folgen dieser weltweiten Entscheidungen, nämlich das Angebot an reifen Kirschen, treffen erst nach fünf bis sieben Jahren voll auf den Markt und können nicht mehr korrigiert werden.

Aus diesem Verhalten und dem „Time-lag“ zwischen Pflanzungen und Erntebeginn resultieren die zyklischen Schwankungen von Mengen und Preisen, die noch durch Wellen der Spekulation verstärkt werden und zu stark schwankenden Einkommen der Kaffeebauern und der Kaffeeländer führen. Aber etwa alle fünf bis sieben Jahre wird eine Baisse wieder von einer Hausse abgelöst. Die seit 2008 anhaltende ungewöhnlich lang andauernde Kaffeebonanza geht jetzt langsam ihrem Ende zu.

Der meteorologische Kaffeemarkt

Überlagert werden diese zyklischen Schwankungen vom Wetter. Die Nachrichten von Überschwemmungen in Indonesien, Trockenheit in Kolumbien, Kaffeerost in Guatemala und Honduras, vor allem aber Frost in Brasilien lassen die Börsenpreise sprunghaft steigen und setzen einen neuen „Schweinezyklus“ in Gang.

Der Kaffeegigant Brasilien ist von seinen klimatischen Voraussetzungen keineswegs für diese herausragende Position besonders gut geeignet. In den wichtigsten kaffeeanbauenden Bundesstaaten Paraná, Sao Paulo und Espirito Santo kommt es immer mal wieder zu erheblichen frostbedingten Ernteausfällen zur großen Freude der übrigen Kaffeewelt. Der verheerende Frost von 1970 führte dann aber zu einer beschleunigten Verlagerung des Kaffeeanbaus in den Norden nach Minas Gerais und Rondonia, wo relativ günstige Klimabedingungen herrschen.

Die Bedeutung frostgefährdeter brasilianischer Ernten für das Weltexportvolumen hat seitdem etwas abgenommen. Auch die kaffeerostresistenten neuen Hybridsorten und die biologische Bekämpfung des Kaffeebohrers werden langfristig zu einer Verstetigung der Angebotsmengen am Weltmarkt führen.

Dennoch bleibt der „Schweinezyklus“ auch weiterhin die wesentliche Determinante des Kaffeemarktes. Der Grund: die gegenläufige Preiselastizität bei Nachfrage und Angebot, typisch für viele Genussmittel. Die Preiselastizität ist bei der Nachfrage gering, aber beim Angebot sehr hoch, d. h. wenn, wie jetzt, die Kaffeepreise sinken, wird nicht mehr Kaffee getrunken, und wenn die Preise steigen, wird zwar auch nicht weniger getrunken, aber das Angebot an Kaffee steigt weltweit und führt wieder zu sinkenden Preisen. Die notwendige Marktbereinigung geschieht dann meist nicht über die Nachfrage, sondern vorwiegend über eine Angebotsverringerung, also eine „Kaffeekrise“.

Neben den Klimaschwankungen, den Kaffeekrankheiten und den Plagen wie den Kaffeebohrer werden die Tagespreise vor Ort auch durch die Wechselkurse der lokalen Währungen und die horrenden Zinsen der Geldverleiher beeinflusst. Die Referenzpreise an den Terminbörsen in New York für Arabica und London für Robusta werden in US-Dollar festgelegt und sind den Bauern bekannt. Bill Gates Vision von vor 20 Jahren, dass jeder Bauer ein Handy haben wird, um das Informationsmonopol der „Coyotes" zu brechen, ist mittlerweile weltweit Realität.

Aber die Volatilität der täglich, ja stündlich schwankenden Kaffeepreise hat sich aufgrund der Börsenspekulationen und des Computerhandels eher verstärkt. Wenn die Zwischenhändler und die Exporteure den morgigen Börsenpreis und den Wechselkurs kennen würden, wie es Fairtrade seine Anhänger gern glauben macht, bräuchten sie nicht mehr zu arbeiten. Sie wären morgen die Börsengewinner.

Die ICO (International Coffee Organisation) zeigt die Durchschnittspreise für Arabica und Robusta von 1990 bis Anfang 2018. Die Angaben sind in US-Cents per lb.

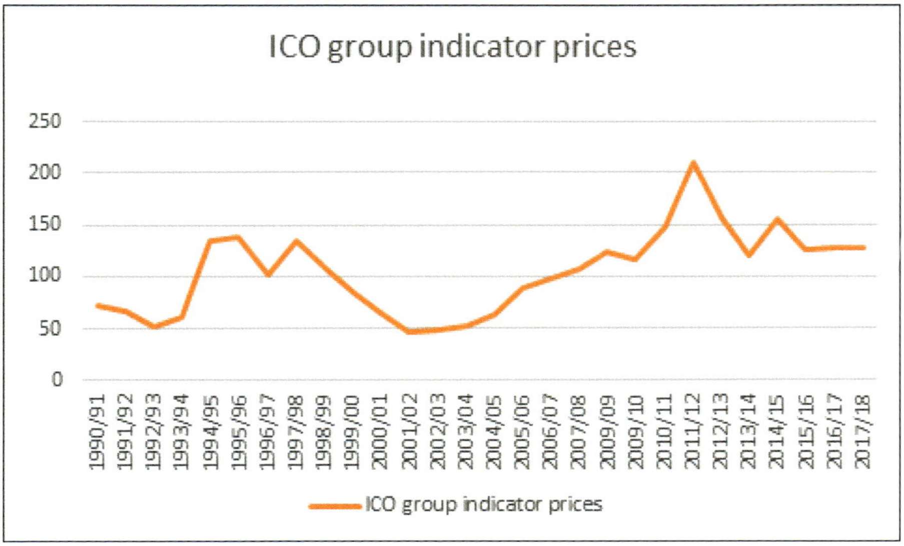

Bohnen und Börsen

Eines vorab: An den Börsen in New York und London wird kein Kaffee verkauft! Aber sie haben dennoch allergrößte Bedeutung für den Kaffeehandel. Das New York Board of Trade (NYBOT) zeigt die Preise für Arabica-Kaffees, die in US-$ pro amerikanischem Pfund (lb = 0,454 kg) gehandelt werden, während die Intercontinental Futures Europe in London für den Robusta-Markt zuständig ist. Robusta wird in Britischem Pfund Sterling gehandelt und in US-$ pro Tonne (t = 1.000 Kg) umgerechnet und so notiert. Die Börsen zeigen, wie auch bei Aktien, die Preisentwicklungen dieser beiden Kaffeearten in „real time"(11).

Die Börsendaten sind die Grundlage für Exporteure und Importeure für die Preisgestaltung beim Kauf bzw. Verkauf der physischen Ware, wobei es je nach Qualität Auf- oder Abschläge geben kann. Die Kaffeeindustrie, vereinfacht dargestellt, ordert den Kaffee beim Importeur, der sich wiederum an der Börse über Warentermingeschäfte gegen das Risiko von Preis- oder Währungsschwankungen absichert.

Ähnlich verhalten sich bereits im Vorfeld Exporteur und Importeur, die den Kontrakt zu einem bestimmten Börsenpreis fixieren. Diese Formen der Absicherung werden als Hedging bezeichnet.

Ein vereinfachtes Beispiel macht das deutlich:

Ein Importeur verkauft 1000 Sack Honduras Kaffee, den er aber noch nicht besitzt, zu 80 US-cts pro lb. Zur Absicherung dieses Geschäfts bzw. seines möglichen Risikos, dass der Kaffee beim Ankauf der Ware teurer ist, macht er ein Gegengeschäft an der Börse, indem er einen Kontrakt über 1000 Sack zu 60 cts/lb schließt (Hedge).

Aus verschiedenen Gründen steigt der Kaffeepreis beim Ankauf auf 90 cts/lb, d. h. der Importeur würde jetzt einen Verlust von 10 cts/lb beim Verkauf der physischen Ware erleiden. Da aber gleichzeitig der Börsenpreis ebenfalls gestiegen ist und einen Wert von 75 cts/lb erreicht hat, macht er beim Verkauf des Börsenkontraktes einen Gewinn von 15 cts/lb. In der Summe ergibt sich also ein Nettogewinn von 5 cts/lb.

In der Realität sind solche Vorgänge jedoch komplexer und trotz Hedging risikobehaftet. Hedging trägt also dazu bei, das mögliche Risiko zumindest zu minimieren, bzw., wie im Beispiel dargestellt, trotz bzw. aufgrund steigenden Preises noch einen Gewinn zu erzielen.

Während die Börse für den Kaffeehandel in erster Linie als Preisbarometer dient und gleichzeitig Möglichkeiten der Absicherung gegen Preis- und Währungsschwankungen bietet, unterliegt der Börsenhandel in nicht geringem Umfang auch der Spekulation. Grundlage der Preisbildung sind zumeist Schätzungen über die Ernteaussichten besonders in Brasilien als dem führenden Exportland. Wird eine geringe Ernte vorausgesagt, steigen die Preise und umgekehrt.

Allerdings unterliegen diese Schätzungen oftmals auch eher preispolitisch gewollten Einschätzungen, d. h. dieses Steuerungsinstrument wird bewusst leicht verfälscht, um einen bestimmten Preislevel zu erreichen.

Andererseits wird das Börsengeschäft sehr stark vom Engagement großer Fonds beeinflusst und zeitweise sogar bestimmt. Wenn diese „computergesteuerten Geldmaschinen“ aus welchen Gründen auch immer in Kaffee investieren, kommt es blitzschnell zu Preissteigerungen, die mit der tatsächlichen Marktsituation nichts mehr zu tun haben. Genauso schnell können die Fonds ihr Geld aber auch wieder abziehen, sobald sie lukrativere Geldanlagen gefunden haben.

Grundsätzlich – wen wundert es? – richtet sich der Preis nach Angebot und Nachfrage. Hinzu kommt beim Kaffee die Qualitätsbewertung. Verknappt sich das Angebot, weil z. B. eine geringe Ernte in Brasilien droht, steigt der Kaffeepreis folgerichtig. Das bedeutet aber nicht unbedingt, dass die Kaffeebauern jetzt das „große Geschäft“ machen. Denn nun halten sich vor allem die großen Kaufinteressenten zurück und versuchen die Zeit bis zur Veränderung der Situation nach unten zu überbrücken. Denn die hohen Preise haben ja zur Folge, dass die Kaffeebauern den Anbau forcieren, und in ca. fünf Jahren sind dann die Exportlager wieder voll und das Preisniveau sinkt.

3. Arabica und Canephora

Robust oder arabisch

Die Urheimat des Kaffees liegt in Afrika. Noch heute wachsen in den Urwäldern Äthiopiens Kaffeebäume, die bis zu 15 m hoch werden. Da eine Ernte der Kaffeekirschen von diesen Bäumen nicht möglich ist, wartet man, bis sie zu Erde fallen und gesammelt werden können. Sie landen häufig als „Spezialkaffees" auf dem Markt, werden entsprechend hochpreisig verkauft, obwohl nach objektiven Qualitätsmerkmalen diese Kaffees nicht unbedingt hohen Geschmacksansprüchen gerecht werden können.

Es war der schwedische Naturwissenschaftler Carl von Linné, der dem Kaffeebaum die lateinische Bezeichnung „coffea arabica" gab. Die botanische Einordnung zur Pflanzenfamilie der Rubiazeen (Rötegewächse) nahm der französische Arzt und Botaniker Antoine de Jussieu vor. Von wirtschaftlicher Bedeutung sind heute lediglich zwei Arten, nämlich der Arabica und der Robusta, botanisch als „coffea canephora" benannt.

Während sich der Arabica-Kaffee durch milden Geschmack und feine Säure auszeichnet, macht der Robusta im Geschmack und Aroma seinem Namen alle Ehre. Arabica wächst auf Höhenlagen zwischen 800 bis 2.200 m, Robusta bevorzugt Höhen zwischen 200 bis 600 m. Arabica ist ein pflegebedürftiger Kaffee, anfällig für Krankheiten und Schädlinge. Robusta ist wesentlich widerstandsfähiger, aber dafür mehr „wetteranfällig": Temperaturen unter 5 Grad C und über 30 Grad C können bereits zu Schäden führen.

Im weltweiten Kaffeehandel dominiert der Arabica-Kaffee mit einem Anteil von über 60 Prozent, dem Robusta verbleiben knapp 40 Prozent. Beide Kaffees unterscheiden sich nicht nur geschmacklich, sondern vor allem auch im Koffeingehalt, der beim Robusta doppelt so hoch ist. Arabica wird hauptsächlich für einen aromatischen Kaffee aus der Filtermaschine oder einem Vollautomaten eingesetzt, Robusta landet zum großen Teil im Instantkaffee oder im Espresso.

Ein typischer Espresso hat mindestens einen Robusta-Anteil von 40 Prozent und mehr, der dem „kleinen Schwarzen" den typischen Geschmack und die Crema verleiht. Daneben gibt es natürlich auch Espressi mit 100 Prozent Arabica, die jedoch in der Röstung ein sehr feines Fingerspitzengefühl erfordern, um zu vermeiden, dass geschmacklich nur noch Bitterstoffe und Säure übrig bleiben (s. a. „Röstverlauf").

Mischen impossible?

Industriell hergestellte Kaffees enthalten meist eine Mischung von Provenienzen verschiedener Herkunftsländer. Da Ernteergebnisse unterschiedlich ausfallen können, kann man mit Mischungen sicherstellen, dass Geschmack und Aroma auch über viele Jahre gleich bleiben. Andererseits bieten Mischungen auch die Möglichkeit, mit sehr preisgünstigen Rohkaffees die Margen zu verbessern.

Lange Zeit galt Vietnam-Kaffee als qualitativ unzureichend, erst die Behandlung des Rohkaffees mit unter Druck stehendem, überhitztem Wassergas oberhalb des Taupunktes, der dem Robusta die erdig riechende Substanz entzieht, erlaubte eine Qualitätsverbesserung auf ein unteres Niveau von Brasil-Kaffee und gewann damit immer häufiger steigende Anteile in den Kaffeemischungen.

Selbst als bereits Vietnam fester Mischungsbestandteil war, leugneten viele Röster, diese Kaffees zu kaufen geschweige denn einzusetzen. Verwunderlich nur, dass gleichzeitig in der Ausfuhrstatistik Vietnams Deutschland einen der ersten Plätze einnahm ...

Inzwischen haben die Vietnamesen große Anstrengungen unternommen und ihre Kaffeequalität deutlich verbessert. Nicht umsonst steht das Land in der Produktion und Ausfuhr in der Weltrangliste hinter Brasilien an zweiter Stelle und hat schon vor vielen Jahren Kolumbien auf Platz drei verwiesen.

Kleinere Röster bevorzugen meist reine Herkunftskaffees, sogenannte Origins, die sich durch das ihnen eigene Geschmacks- und Aromaprofil auszeichnen. Dem stehen allerdings als Nachteil die begrenzte Verfügbarkeit und eben auch unterschiedliche Ernteergebnisse gegenüber. Es handelt sich daher um Nischenprodukte, die meist nur regional im Handel vertreten sind. Großröster sind kaum in der Lage, die für ihre Mengenproduktion erforderlichen Herkunftskaffees zu erhalten, und müssen daher diese Angebote kleineren Unternehmen überlassen.

Ob nun Mischungen oder Herkunftskaffees, beide haben ihre spezifische Qualität und ihre Berechtigung im Markt. Eine objektive Bewertung, welche Auswahl die bessere sein mag, ist kaum möglich. Auch hier entscheidet einzig und allein König Kunde nach seinem individuellen Geschmack – allerdings zumeist auch nach dem jeweiligen Preis.

Spezial: „Einer besonderen Art entsprechend“

Wer von Spezial-Kaffees spricht, würde, der gängigen Definition entsprechend, eine besondere Art des Kaffees meinen. Bezieht man die Definition auf Geschmack, Aroma, Säure etc., verdient jede Provenienz diese Bezeichnung, oder anders ausgedrückt: Es gibt keine sogenannten Spezialkaffees: Kaffee ist Kaffee ist Kaffee. Der Rest ist Marketing! Niemand würde ernsthaft auf den Gedanken kommen, Spezial-Tee, Spezial-Wein oder gar Spezial-Kartoffeln anzubieten.

Bleibt jedoch festzuhalten, dass jede Provenienz ihre „speziellen“ Charakteristika aufweist. Betrachtet man die unterschiedlichen Rohkaffees, gibt es allerdings einige Angebote, die sich im Preis deutlich von anderen abheben. Sie gelten unbestritten als die teuersten Kaffees der Welt: zum Beispiel Jamaica Blue Mountain, Hawaii Kona oder der absolute Preishit aus Indonesien, der Katzenkaffee Kopi Luwak. Diese Kaffees werden als Rohkaffee in einer Preisbandbreite von 50 bis über 100 US-$ pro Kilo gehandelt. Über die geschmacklichen Eigenschaften dieser Kaffees lässt sich trefflich streiten, ob gut oder weniger gut, bleibt allerdings der individuellen Wahrnehmung vorbehalten. Wie auch bei der häufig gestellten Frage nach dem „besten“ Kaffee die Antwort im wahrsten Sinne des Wortes auf der Zunge liegt: Der beste Kaffee ist derjenige, der mir am besten schmeckt. Basta Barista!

Es gibt durchaus eine Reihe guter Gründe, warum diese Kaffees teurer als Kaffees aus Brasilien oder Kolumbien sind. So sind sowohl auf Hawaii und auf Jamaica die Produktionskosten höher als in anderen Ländern. Kaffees, die „aus der Katze kommen“, wurden ursprünglich im Wald gesammelt und gereinigt, bevor sie in den Export gelangten. Heute werden die Fleckenmusang, eine Katzenart (indonesisch: Musang luwak), vielfach in Farmen gehalten und dort mit Kaffeekirschen gefüttert, was unter Tierschützern bereits heftige Proteste auslöst.

Alle genannten Kaffees sind nur in begrenzten Mengen vorhanden und rechtfertigen die hohen Preise nicht zuletzt mit dem Raritätsargument. Der Rest allerdings, ist Marketing!

Guter Bourbon – böser Hybrid

Moderne Hochertragssorten sind „böse“, hört man oft, weil sie die guten alten aromatischen Kaffeesorten verdrängen und auch nicht mehr so gut schmecken. Es werden daher vereinzelt schon angeblich „sortenreine" Kaffees alter Varietäten, insbesondere reiner Bourbon, auch von seriösen sogenannten Spezialkaffee-Importeuren sehr teuer angeboten.

Da kein Gesetz vorschreibt, was beim Kaffee in Bezug auf die Varietäten auf der Packung stehen darf und was nicht, ist auch in diesem neuen Sortenmarkt dem Schwindel Tür und Tor geöffnet.

Vielfach liegt hier aber beim Handel auch nur eine Verwechslung vor: Sorten sind botanische Varietäten. Der Handel und auch die Röster halten Provenienzen vielfach für Kaffeesorten. Das ist botanisch inkorrekt und sorgt beim Konsumenten für Verwirrung. Große Kaffeeimporteure weisen daher in ihren Offertenlisten sowohl Herkunftsregion als auch Sorte/Varietät aus; wobei es sich aber auch hier meist um Mischungen handelt.

Für das Inverkehrbringen von Kaffee gilt die „Verordnung für Kaffee, Kaffee- und Zichorien-Extrakte". In dieser Verordnung ist die Bezeichnung „Kaffee" für alle Bohnen der Gattung „Coffea" dieselbe. Es spielt also keine Rolle, ob sich in der Packung Arabica- oder Robusta-Bohnen befinden, oder eine Mischung von beiden. Und von Kaffeevarietäten ist schon mal gar nicht die Rede. Da kann jeder Röster aufdrucken, was beliebt.

Im Kaffeegarten des Kleinbauern wächst alles durcheinander: Bananen und Fruchtbäume wie Avocados, Guaven, Jack Fruit, Chirimoya, Mango und andere, die dem Kaffee auch als Schattenbäume dienen. In Bolivien, Kolumbien und Peru auch wohl mal Koka, die in ihrem Habitus dem strauchartigen Baum oder baumartigen Strauch des Kaffees sehr ähnelt, aber leicht an den kleineren hellgrünen Blättern zu erkennen ist.

Die verschiedenen Kaffeevarietäten in ihren Gärten kennen die meisten Kaffeebauern selber nicht. Und beim Robusta-Kaffee können nur noch Experten die Varietäten Nana, Apata und Kouillou unterscheiden. Die neueren Hybridsorten haben auch nur noch Großbuchstaben und Nummern wie SL28 oder CxR bei Robusta oder S795 bei Arabica.

Ist der Kaffee gepflückt, kann auch der Aufkäufer weder an den Kirschen noch an den Bohnen die vielen Sorten/Varietäten bestimmen, und während der Aufbereitung werden alle Partien nochmals vermischt. Auch die elektronischen Sortieranlagen können keine Sorten verlesen. Nur die brasilianische Sorte „Maragogype", die auch unter dem Namen „Liquidambar" von den Plantagen in Nicaragua und Mexico kommt, kann wegen ihrer sehr ausgeprägten Übergröße ausgesiebt werden und wird auch noch vereinzelt angeblich sortenrein angeboten.

Weil die Hybridsorten wie Catimor, eine Kreuzung aus Caturra und Timor, eine gewisse Resistenz gegen den Kaffeerost aufweisen, werden sie verstärkt auch von den Kleinbauern angepflanzt. Die traditionellen Sorten verschwinden daher mehr und mehr oder werden auf marginale Standorte zurückgedrängt. Der Hybrid-Anteil nimmt daher ständig zu in den Blends der Großröster. Auf die Tassenqualität hat das keinen Einfluss.

Um den Einfluss der Kaffeesorte auf die Qualität zu ermitteln, müssten alle Einflussfaktoren wie Boden, Klima, Anbauhöhe, Ernte-, Aufbereitungs-, Röst- und Aufgussverfahren konstant gehalten werden, nur die Sorte darf im Feld- und Laborversuch die einzige Variable sein.

Tatsächlich sind solche Versuche verschiedentlich durchgeführt worden. Und das Ergebnis heißt: Geschmacksunterschiede zwischen traditionellen und modernen Kaffeesorten sind minimal und eigentlich nur von geschulten Verkostern wahrzunehmen. Dazu kommt noch, dass die von unterschiedlichen Institutionen mit identischer Fragestellung durchgeführten Versuche widersprüchliche Ergebnisse geliefert haben – was den insgesamt marginalen Charakter des Qualitätseinflusses der Sorten unterstreicht.

Das Fazit muss daher lauten: Nein, das Alte ist in diesem Fall nicht das Bessere, wie es manche Verbraucher in wohlhabenden Abnehmerländern gern in nostalgischer Verklärung vermuten (und für diese Vermutung entsprechend bezahlen), sondern das Neue ist, sensorisch gesehen, ganz einfach weder besser noch schlechter als das Alte. Echte Unterschiede gibt es hier nicht.

Aber diese minimalen Unterschiede, die, wenn es sie denn vereinzelt gibt, für den Massenmarkt ohnehin völlig uninteressant sind, kommen in der Praxis auch nicht zur Geltung, weil sie von den unterschiedlichen Höhenlagen, den Boden- und Klimaverhältnissen in den Anbauregionen überlagert werden. Vor allem aber wird die Tassenqualität durch die Ernte, stripping oder picking, die Trocken- oder Nassaufbereitung, die Lagerung, das Rösten, die Verpackung und Zubereitung viel entscheidender beeinflusst als durch die Kaffeesorte.

Um keine Missverständnisse aufkommen zu lassen: Eine Packung Röstkaffee, deren Inhalt z. B. als „Reiner Bourbon" ausgelobt wird, mag wirklich guten, qualitativ hochwertigen Kaffee enthalten. Diese Eigenschaft aber auf eine bestimmte Varietät zurückzuführen, ist irreführend. „Sortenrein" (d. h. bestimmte reine Varietäten) als etwas – sensorisch gesehen – Besonderes zu verkaufen, ist Schwindel !

Jeden Tag werden auf der Welt Tausende von Kaffeemustern von Hunderten von Kaffeetestern verkostet und beurteilt; und das seit Jahrzehnten.

Sollte es also irgendwo in der Kaffeewelt die geschmackliche „Perle“, den Superkaffee oder überhaupt etwas positiv Herausragendes geben, welches in Zusammenhang mit einer bestimmten Kaffeevarietät stünde, so wäre es bekannt. Auch die in Boquete, Panamá, wiederentdeckte alte Sorte „Geisha“ ist nur in Japan eine Modeerscheinung, und sie ist ein Hybrid!

Der Kleinbauer sollte sich aber nur dann für eine Hochertragssorte entscheiden, wenn er auch in der Lage ist, ihre hohen Ansprüche an Düngung und Pflege zu erfüllen, um das genetische Ertragspotenzial voll auszuschöpfen; andernfalls fällt ihr Ertrag rapide ab. Ohnehin müssen die Hybridsorten alle 10–12 Jahre erneuert werden, während die Typica-Varietäten doppelt so lange gute Erträge bringen – auch ohne den hohen Aufwand an Produktionsmitteln.

In der Plantagenwirtschaft wird es aber in Zukunft mit wenigen Ausnahmen nur noch Hybridsorten geben, die weitergezüchtet werden im Hinblick auf ihre Resistenzen gegen Krankheiten und Plagen oder Toleranzen gegen bestimmte Klimaeinflüsse. Natürlich wird bei diesen Kreuzungen besonders auch auf die Tassenqualität geachtet.

Trocken oder nass oder beides?

Nach den beiden Ernteverfahren „stripping versus picking“ sind die Verfahren der Aufbereitung entscheidend für die Qualität des Kaffees. Man unterscheidet hierbei drei Methoden: die trockene Aufbereitung, die Nassaufbereitung und die mechanische Aufbereitung.

Bei der trockenen Methode werden die Bohnen in der Kirsche gleich nach der Ernte an der Sonne getrocknet, entweder auf Trockentischen, auf Plastikbahnen oder Zementflächen, bei den Kleinbauern meist aber immer noch auf der nackten Erde. Mit dem Wasser verliert die Kirsche auch die pektinhaltige Schleimschicht der Pergamenthaut, die die Bohne umgibt. Wenn die Frucht schließlich nach gut einer Woche vollkommen ausgedörrt ist, sodass die Bohnen beim Schütteln klappern, werden die getrockneten Kirschen maschinell geschält.

Diese trockene Aufbereitungsmethode ist die historisch ältere und technisch einfachere Prozedur (10). Aber niederschlagsfreies Wetter und eine nicht zu hohe Luftfeuchtigkeit ist für dieses Verfahren unbedingt erforderlich. Vor allem der Robusta, der einen geringeren Wassergehalt im Fruchtfleisch hat als der Arabica, wird in Asien und Afrika trocken aufbereitet, aber

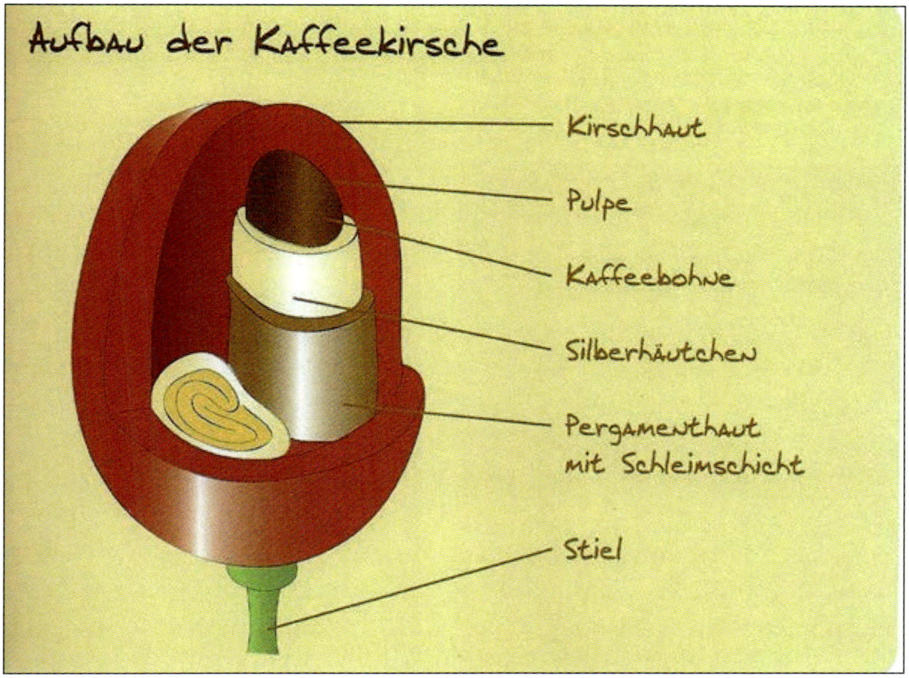

auch der als „naturales" bekannte Arabica aus Brasilien. Diese „ungewaschenen" Kaffees werden an der Börse mit Abschlägen vom Referenzpreis gehandelt.

Im 18. Und 19. Jahrhundert entwickelten die Holländer die nasse Aufbereitung, weil auf den Westindischen Inseln, also den kleinen und großen Antillen, das Klima zu feucht war für die trockene Aufbereitung. Sie wurde dementsprechend als W.I.B. (West-Indische Bereiding) bezeichnet (10).

Diese Nassaufbereitung stellt sehr hohe Anforderungen an Technik, Infrastruktur und Erfahrung. Die Anlagen (beneficios) bestehen aus dem Siphon, den Entpulper, den Fermentationsbecken, den Waschkanälen und den Trockenplätzen. Ihre wichtigste Aufgabe ist die Fermentierung des Fruchtschleims (Moussilage), der die Pergamenthaut der Bohnen umgibt und unbedingt abgewaschen werden muss, weil er wasseranziehend ist und das Trocknen der Bohnen verhindert, was zu einer weiteren Gärung führen kann und zum Befall mit Schimmel und Bakterien.

Unter der Einwirkung von Enzymen beginnt die Schleimschicht im Fermentationsbecken zu gären und sich von der Pergamenthaut abzulösen. Jetzt kann sie abgewaschen werden. Wichtig ist hierbei der richtige Moment, um die Fermentierung zu stoppen, damit sie nicht in Fäulnis übergeht. Das geschieht dann durch Waschen und anschließende Trocknung. Dieser „gewaschene“ Kaffee, auch Pergamentkaffee genannt, wird mit Zuschlägen auf den Börsenpreis gehandelt.

Diese „Beneficios“ benötigen Unmengen an Wasser (bis zu 100 l/kg Pergamentkaffee) und hinterlassen tonnenweise Pulpe und Moussilage, die letztendlich in den Flüssen landen, wenn sie nicht zu Kompost aufbereitet werden, was leider noch nicht überall gemacht wird. 1998 wurden in Peru 530.000 Tonnen Kaffeekirschen geerntet, die 210.000 Tonnen Pulpe und 80.000 Tonnen Moussilage unverarbeitet der Umwelt überließen (27).

In diesem Jahr kamen die mechanischen Entschleimer der Marke „Pengos“ aus Kolumbien auf dem Markt. Sie benötigen viel weniger Wasser (ca. 1l/kg Pergament Kaffee) und hinterlassen eine fast trockenen Pulpe und eine sehr konzentrierte Moussilage, die eingedickt mit der Pulpe kompostiert werden kann.

Diese neue Aufbereitungsmethode der fermentationslosen Nassaufbereitung (BECOLSUB-Verfahren genannt[1]) verbreitete sich schnell und die Entschleimer wurden in vielen Kaffeeländern nachgebaut. Die Vorteile waren für die Produzenten enorm: Die Aufbereitung läuft wesentlich schneller ab, man braucht keine aufwendige Infrastruktur mehr und viel weniger Personal; sie ergibt außerdem eine höhere Ausbeute und reduziert die Gefahr der Überfermentierung.

Aber weil es sich hierbei um einen Ersatz der Fermentierung durch eine mechanische fast trockene Wäsche handelt (die entpulpten Bohnen waschen sich gegenseitig im Gegenstromverfahren), war das ja kein „gewaschener Arabica-Kaffee“ mehr entsprechend der Definition der New Yorker Börse; und natürlich auch kein „natural“ der trockenen Aufbereitung.

Diese „nicht fermentierten Kaffees“ wurden mit Strafabzügen belegt. Die großen Importeure hatten reklamiert, dass die Tasse dieser „ökologisch“ aufbereiteten Kaffees viel „flacher“ sei als bei traditionell gewaschenen Kaffees, d. h. Aroma, Säure und Fülle waren bei diesen neuen Kaffees weniger intensiv.

So groß wurde das Problem, dass 22 Kaffeegenossenschaften in Costa Rica, die diese ökologische Aufbereitung eingeführt hatten, sehr teure Investitionen vornahmen, um wieder zur traditionellen Fermentierung und Wä-

---

1 BECOLSUB steht für „Beneficio Ecológico del Café y manejo de los Subproductos“, also „Ökologische Aufbereitung des Kaffees und Behandlung der Abfallprodukte“.

sche zurückzukehren; jetzt aber das Wasser wiederaufbereiten mussten, um der neuen Gesetzgebung in diesem sehr umweltbewusstem Land Genüge zu tun. Ein millionenschwerer Irrtum!

Ganz offensichtlich spielt die Fermentierung eine ganz entscheidende Rolle bei der Tassenqualität. Aber was spielt sich denn da wirklich ab?

Im Fruchtfleisch (Pulpe) der Kirschen befinden sich Keimhemmungsmittel, die ein Wachsen des Keimlings in den Bohnen verhindern. Wird diese Schale im Entpulper entfernt, kommt es zur Vorkeimung; und offenbar löst dies die Entwicklung der unzähligen Aromastoffe in der Bohne aus. Wird diese Keimungsinduktion zu schnell gestoppt, weil der Kaffee gleich nach der mechanischen Entschleimung getrocknet wird, kann das zu den beklagten Qualitätsmängeln führen. Die Vielzahl der hierbei ablaufenden Prozesse sind aber noch längst nicht alle geklärt (5).

Um eine Lösung für dieses Problem zu finden, wurden 1999 im Rahmen des Biokaffeeprojektes in Zusammenarbeit mit dem kolumbianischen Kaffee-Forschungsinstitut CENICAFE, der Firma Jacobs und der GIZ in Armenia, Kolumbien, und in Villa Rica, Peru, Versuche durchgeführt, die eine Lösung versprachen (5).

Diese Versuche zeigten, dass die Tassenqualität abhängig ist von der Zeit der Fermentierung. Wenn man auch den mechanisch gewaschenen Kaffee genauso lange fermentieren lässt wie den traditionell gewaschenen, gelingt die Vorkeimung und man erzielt die gleichen Tassenqualitäten.

Die Lösung des Problems bestand also zunächst ganz einfach darin, den mechanisch gewaschenen Kaffee über Nacht bis zu gut 12 Stunden in Haufen aufgeschüttet ruhen und gären zu lassen und ihn dann erst am nächsten Tag zu trocknen, was in der Praxis auch durchaus vielfach üblich ist.

Die neue ökologische Ausbereitungsmethode hatte aber noch einen weiteren problematischen Qualitätsaspekt, der von der Beschaffenheit des Erntegutes abhängig ist. Eine handverlesene Ernte ausschließlich optimal reifer Kaffeekirschen ist zwar bei kleinbäuerlichen Familienbetrieben möglich, bei der Ernte mit Lohnpflückern aber unwirtschaftlich. Somit besteht unter Praxisbedingungen das Erntegut zu einem beträchtlichen Anteil aus un- oder halbreifen Kirschen, deren Keimfähigkeit in unterschiedlichen Graden gemindert oder völlig aufgehoben ist.

Diese grünen harten Kaffeekirschen reagieren nicht auf den Prozess der Keimstimmung, werden aber vom Entschleimer entpulpt, mischen sich mit dem reifen Kaffee und sind nach der Trocknung kaum noch ausselektierbar. Dies erhöht zwar die Ausbeute und somit die Wirtschaftlichkeit des neuen

Verfahrens, hat aber einen deutlich negativen Einfluss auf die sensorische Kaffeequalität.

Die Lösung dieses Problems bestand darin, den Anteil unreifer hart-grüner, aber auch vertrockneter Kirschen so gering wie möglich zu halten. Dies kann durch den Einbau einer Absiebungsvorrichtung zwischen Entpulper und dem mechanischen Entschleimer geschehen aber besser noch durch eine mechanische Vorsortierung des Erntegutes (5).

Durch diese Empfehlungen konnte das Qualitätsrisiko dieser ökologischen Aufbereitung gemindert und die Strafabzüge beseitigt werden. Das neue Verfahren setzte sich auf breiter Front durch.

4. Schon – Kaffee?

Über kurz oder lang ... oder: Gehören Trommeln zum Handwerk?

Zumeist sind es die vom Deutschen Kaffee-Verband fast liebevoll genannten „Individualröster“, also eher kleinere Unternehmen, die in ihren Aussagen immer wieder auf die langsame und daher „schonende“ Röstung mit einer Dauer um 15 min hinweisen. Vor allem wollen sie sich damit von der industriellen Röstung absetzen, die bei der sogenannten Kurzzeitröstung, die in der Regel zum Teil deutlich unter 10 min liegt, mit höheren Temperaturen arbeitet und angeblich das Qualitätsniveau der Individualröstung nicht erreicht.

Die heute meist eingesetzten Anwendungen sind einerseits die klassische Trommelröstung und andererseits die Röstung im Heißluft- bzw. Wirbelschichtverfahren. Vereinfacht ausgedrückt geschieht die Wärmeübertragung in der Trommel mittels Konvektion, Strahlung und Kontakt, während bei der Heißluftröstung die Übertragung durch heiße Luft erfolgt.

Grundsätzlich liefern beide Verfahren durchaus vergleichbare Ergebnisse, sodass bereits aus dieser Erkenntnis eine Herabsetzung der industriellen Röstung unsinnig ist. Häufig genug setzen Großröster je nach Bedarf und speziellen Anforderungen beide Verfahren ein. Die Behauptung, dass die Trommelröstung deutlich überwiegt und weiter im Vormarsch ist, kann hier nicht überprüft werden. Die Zunahme kleinerer Röstereien ist jedoch ein Indiz, dass hier bisher überwiegend Trommelröster eingesetzt werden.

Obwohl, wie gesagt, beide Verfahren vergleichbare Ergebnisse erzielen, ist das Leistungspotenzial der Heißluftröstung höher: Der Röstvorgang verkürzt sich je nach Temperatur auf ca. 3 bis 10 Minuten, und das Volumen der gerösteten Bohne liegt um bis zu 100 Prozent über der „Trommelbohne“, d. h. der Röstkaffee zeichnet sich durch eine höhere Ergiebigkeit aus.

Konkret bedeutet das einen geringeren Mahlkaffee-Einsatz pro Tasse bei gleicher Qualität. So erklärt sich zum Beispiel das „Wunder“ der ehemaligen 400-Gramm-Packung, mit der die gleiche Anzahl von Tassen aufgebrüht werden konnte wie vorher bei einer 500-Gramm-Packung.

Die oftmals behauptete „schonendere“ Langzeitröstung entbehrt bisher jeden Beweises; neuere Marketingsprüche sprechen gern auch von sogenanntem „handgerösteten Kaffee“, was immer das bedeuten mag. Solche

Aussagen können nur „mit heißer Nadel gestrickt" sein, jedenfalls wurde noch kein Röstmeister beobachtet, der sich freiwillig am Kaffee die Hand verbrennt.

Verhalten der Defekte und Entwicklung von Säure, Aroma und Körper im Röstverlauf

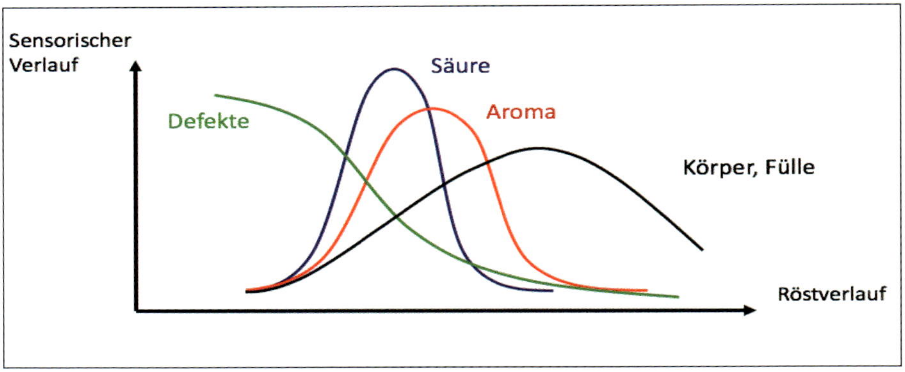

Quelle: Camará Peruana del Café y Cacao

Die Grafik zeigt, dass Fehlaromen (Defekte) im Röstverlauf mehr oder weniger abgebaut werden, während sich Säure, Aroma und Körper unterschiedlich entwickeln. Die Kunst des Röstens besteht darin, den optimalen Zeitpunkt für den Röstgrad zu erreichen, um eine ausgeglichene Balance aller Geschmackselemente zu erreichen.

Eine kleine Notiz am Rande

„Und wenn die Bohne noch so bläht ..."
Als Jacobs Kaffee 1983 – also 300 Jahre, nachdem die Türken vor Wien geschlagen wurden und der Legende nach einige Säcke Rohkaffee zurück ließen – die Einführung der Kurzzeitröstung mit einer neuen Packungsgröße, nämlich 400 statt 500 Gramm Kaffee verband, begann ein heftiger Streit der Röster untereinander. Die Lebensmittel Zeitung titelte: „Krieg der Kaffeeröster!"

In rund 30 gerichtlichen Prozessen sowie einer Reihe von einstweiligen Verfügungen wurden fast alle Auslobungen der 400-Gramm-Packung un-

tersagt, Aussagen der Jacobs-Presseabteilung zugunsten der neuen Verpackungsgröße mussten unterlassen werden. Kurzum: Am Ende der Prozesswelle stand das Unternehmen seinem Produkt fast „sprachlos" gegenüber.

Die Hamburger Verbraucherzentrale bezeichnete 400 g als Mogelpackung! Tchibo erklärte das Verfahren als „stochastisch", Eduscho plakatierte an seinen Filialen: „Und wenn die Bohne noch so bläht, Qualität bleibt Qualität!"

Inzwischen hatten allerdings auch andere Anbieter die 400-Gramm-Packung im Sortiment. Und als Tchibo mit dem neuen Röstverfahren startete, gingen sie mit 2 4 6 noch einen Schritt weiter: 200-Gramm-Packungen für den Kleinhaushalt, 400 g als Normalverpackung und 600 g als Familienpackung.

Die Verwirrung für den Verbraucher war komplett. Jacobs zog die Reißleine und kehrte zu gewohnten Packungsgrößen zurück. Frau Sommer verkündigte im Werbefernsehen die Friedensbotschaft: „Wir wollen wieder zusammen Kaffee trinken." Ironie am Rande: Nachdem das gute alte Pfund wieder in den Einkaufsregalen stand, veröffentlichte Stiftung Warentest kurz und knapp: „Und die Röster hatten doch recht."

Des Kaffees neue Kleider

„Aber er hat ja gar nichts an!" rief endlich ein kleines Kind … Und die Kammerherren gingen noch straffer und trugen die Schleppe, die gar nicht da war.
Hans Christian Andersen (1805–1875)

Eine einfache Wahrheit vorweg: Kaffee schmeckt nicht! Das Gebräu ist heiß, je nach Röstgrad säuerlich bis ausgesprochen bitter und dann auch noch schwarz. Im Grunde genommen ein übles Zeug, welches einen unangenehmen Nachgeschmack hinterlässt. Kein Kind würde freiwillig Kaffee trinken. Und dennoch: Millionen von Menschen trinken tagtäglich Kaffee. Wie ist das zu erklären?

Dazu einige Anmerkungen:
Der leicht säuerliche Charakter hell gerösteten Kaffees mag noch angehen. Größere Mengen, wie in den nordischen Ländern üblich, lassen sich nur so, d. h. als hell geröstete Hochland-Qualitäten goutieren. Auf der sensorischen Ebene ist das Säureempfinden dann ein recht wirksamer Antagonist für die

dem Kaffee eigene Bitterkeit. Diese aber stellt das eigentliche Problem dar.

Es muss darauf hingewiesen werden, dass wir hier immer über korrekt aufbereiteten Arabica sprechen. Robusta-Kaffee ist etwas völlig anderes: Er hat nicht die Aromavorzüge des Arabica und ist statt mit einer feinen Säure oft mit einer abstoßenden Bitterkeit versehen.

Viele in der Natur vorkommende Giftstoffe haben für uns einen bitteren Geschmack. Anders ausgedrückt: Bittere Geschmackseindrücke werden von unserem sensorischen System angeborenermaßen als Warnsignal interpretiert. Entsprechende Speisen oder Getränke empfinden wir daher als unangenehm. Die ausgeprägte Bitterkeit von Röstkaffee führt zur spontanen Ablehnung desselben durch Kaffee-unerfahrene Menschen, Kinder z. B. oder auch Jugendliche.

Kaffee hat damit zunächst einmal ein Akzeptanzproblem bei Kaffeeanfängern. Eine Lösung für dieses Problem wurde schon frühzeitig in einer moderaten Zugabe von Zucker, Sahne oder Milch gefunden. Mit diesem Rückgriff auf angeborene menschliche Geschmackspräferenzen für süß und fettig wird Kaffeekonsum für breite Bevölkerungsschichten tolerabel; insbesondere wenn man an Kaffeeanfänger denkt. Kaffeetrinken kann durch Zugabe von Milch und Zucker zu einer Gewohnheit werden, deren Genuss viel leichter erlernt wird, als dies ohne die erwähnten Zutaten der Fall wäre.

Viele Menschen trinken ihren Kaffee aber eben auch „schwarz“, d. h. ohne Milch, Sahne oder Zucker. Soweit es sich hierbei nicht um Sekundärpuristen zur Kalorienreduktion handelt, sind dies also die Hard-Core-Kaffeetrinker, die das Getränk von Anfang an als solches genossen haben, ohne an kindisch-verweichlichende Zutaten zu denken. Wie kommt‘s dazu?

Geschmack ist eben nicht alles. Da ist ja noch dieser einmalige, unvergleichliche Geruch, den frisch gerösteter, frisch gemahlener und frisch aufgebrühter Kaffee verströmt. Nichts gleicht diesem Aroma! Zum anderen die belebende Wirkung des Koffeins. Es ist sicherlich keine Übertreibung, wenn man sagt, unsere westliche Kultur sei zu einem guten Teil koffeinbasiert. Das Alkaloid macht wach, gesprächig, dämpft den Hunger bzw. verstärkt das Sättigungsgefühl nach dem Essen, während es der gleichzeitig aufkommenden Ermüdung entgegenwirkt. Koffein ist daher ganz offensichtlich ein Hauptmotiv des Kaffeekonsums.

Aber dennoch gilt: Kaffeegenuss muss gelernt werden. Schwarzer Kaffee wird erst nach einer Gewöhnungsphase toleriert und schließlich geschätzt. Kaffeeduft und die Wirkung des Koffeins, vielleicht auch das Gefühl des Erwachsenseins, stellen dabei die Belohnung für das Erdulden des Geschmacks dar. Das alles sind Vorgänge, die mehr oder weniger unbewusst ablaufen. Kaum ein „naiver" Kaffeetrinker wäre in der Lage, halbwegs vernünftige Aussagen über die Charakteristik, die Qualität des Getränks oder auch nur über seine Eindrücke zu machen.

Und nun das: „leicht schokoladig", „süßlich", „süß", „leicht floral", „blumig", „weinartiger Charakter", „reifes Obst", „(grüne) Haselnuss", „Cerealien", „(runde) Zitrussäure", „Honignoten/brauner Zucker", „reife Fruchtaromen", „nussig", „schokoladig", „dunkle Trauben", „Steinfrüchte", „getreidig", „zartherbe Fülle", „würzig", „rauchig", „Tabaknoten", „spritzig", „Grapefruit", „Jasmin", „Kakao", „Macadamia", „rundes Finish", „earl grey", „Kakaobutter", „sirupartig", „reife Trockenfrüchte", „Orangennoten", „pfeffrig", „dunkle Schokolade", „Karamell", „buttrig/Muskat", usw. usw. ...

Wo sind wir denn hier? Doch nicht etwa bei einer Schokoladen-, Wein-, Tee- oder Fruchtsaftverkostung? Nein. Mit diesen beschreibenden Ausdrücken (Deskriptoren) werden heutzutage Kaffeemuster beschrieben. Kleine Spezialitätenröster sind hier tonangebend, setzen sich bewusst von der „bösen" Großindustrie ab. Fair gehandelt soll der Kaffee sein, bio natürlich, vor allem aber, herkunftsmäßig und sensorisch gesehen, etwas ganz Besonderes. Eine „Barista-Kultur" mit allen Erscheinungsformen des Luxuskonsums – aber natürlich immer mit gutem Gewissen – ist hier entstanden.

Bei der obigen Auflistung fällt auf, dass, soweit es sich um Geruchs-Deskriptoren handelt, Kaffee untypische Beschreibungen („Orangennoten", „Grapefruit", „Macadamia") verwendet werden. Ebenso werden unsinnige Geschmacks-Deskriptoren (süß, Zitrussäure) verwendet, daneben Fantasie-Konstrukte wie „buttrig/Muskat", „zartherbe Fülle" und „grüne Haselnuss".

Auffällig ist eine bemüht wirkende Nähe zu bekannten Weindeskriptoren. Damit sind wir also endgültig in der schönen neuen Kaffeewelt angekommen. Da, wo es keine bittere, schwarze Brühe mehr gibt, sondern alles nur noch locker-flockig und exotisch angenehm ist. Das Getränk „Kaffee" gibt solches aber natürlich nicht her. Die vorgetäuschte Vielfalt als Analogie zum Wein oder zu anderen Genuss- und Nahrungsmitteln existkUnd was sagen die professionellen Kaffeetrinker,die Menschen also, die von Berufs wegen Kaffee beurteilen? Beispielsweise die Einkäufer einer Kaffee-Importfirma oder auch das Qualitätspersonal größerer Kaffeeröster? Hier werden täglich Rohkaffees verschiedenster Provenienzen nach mehr oder weniger standardisierten Verfahren geröstet, aufgegossen und sensorisch beurteilt, sprich verkostet. Auf der Grundlage dieses Beurteilungsverfahrens werden dann Entscheidungen von unter Umständen erheblicher Tragweite getroffen. Es muss also dort ein beschreibendes Vokabular geben, einen entsprechenden Schulungsvorgang und ein gerüttelt Maß an Erfahrung.

Wie funktioniert sowas?
Sensorische Kaffeebeurteilung von professionellen Verkostern ist in erster Linie erfahrungsbasiert. Unter der generellen Maßgabe, dass Geschmacksunterschiede bei Arabica-Kaffees gleicher Röstfarbe eher gering sind, konzentriert sich der geschulte Kaffeeverkoster bei der täglichen Probenbeurteilung in erster Linie auf eventuell vorhandene „Kaffeefehler". Das sind Abweichungen von einem internen Standard, dem das Geschmacksbild von sachgemäß aufbereitetem und gelagertem Kaffee zugrunde liegt. Kaffeefehler haben definierte sensorische Ausprägungen und sind fast ausschließlich aromatischer Natur, d. h. über den Geruchssinn wahrzunehmen. Sie haben unterschiedliche Ursachen, die hier aber nicht näher erörtert werden sollen. Allen gemeinsam ist ihr negativer, d. h. qualitätsmindernder Charakter.

Andererseits gibt es positive, qualitätssteigernde Merkmale. An erster Stelle steht hierbei der Säureeindruck. Dazu muss man wissen: Das Empfinden von „leichter Säure", „feiner Säure" usw. korreliert streng positiv mit der Anbauhöhe des Kaffees. Die Qualitätseinstufung eines Musters folgt stets sehr stark diesem einen Merkmal. Daneben zählt dann noch die Charakteristik des Aromakomplexes, welche bei Hochlandkaffees bestimmter Herkünfte eine schwache, kaum wahrnehmbare Fruchtnote („Schwarze Johannisbeere") aufweisen kann. Eine gewisse Balance sowie eine generelle Gesamtintensität von Säure, Bitterkeit und Fülle bzw. Körper und Aromabild könnte noch genannt werden. Und damit hat sich‘s dann auch.

Verschiedentlich sind für die Kaffeebeurteilung sensorische Panels unter Vorgabe eines Katalogs von vordefinierten beschreibenden Merkmalen, sogenannten Deskriptoren, ausgebildet worden. Die Sinnhaftigkeit solcher Institutionen kann wegen des hohen Aufwandes bei bescheidenem Ergebnis allerdings eher bezweifelt werden.

Bliebe zu klären, woher kommen denn eigentlich die besonderen Kaffeequalitäten? Anbauhöhe ist hier eine notwendige, aber eben nicht hinreichende Voraussetzung. Der entscheidende Faktor scheint eine intensive Sonneneinstrahlung tagsüber, verbunden mit möglichst großer nächtlicher Abkühlung zu sein. Vereinfacht gesagt, ein für die Pflanze eben noch erträglicher, maximaler Tag-und-Nacht-Temperaturunterschied. Insofern hier also

Aromarad der Specialty Coffee Association of America (SCAA)

doch eine Parallele zum Wein; auch wenn alle übrigen Vergleiche, insbesondere was das sensorische Vokabular angeht, Quatsch sind.

Das Mikroklima am jeweiligen Standort spielt hier sicherlich eine bedeutende Rolle. Wenn man also die Hochlandhypothese für die Hervorbringung besonderer Qualitäten zugrunde legt, dann sollten diese Provenienzen in Äquatornähe gewachsen sein, denn nur dort sind die erwähnten Bedingungen gegeben. Nicht gegeben sind diese Bedingungen auf Jamaika oder Hawaii, wahrscheinlich aber in Kenia oder Teilen von Äthiopien. Der entsprechende Rohkaffee zeichnet sich in jedem Fall durch eine kleine, harte Bohne rundlicher Form mit eingezogenem Schnitt und blau-grau-grüner Farbe aus. Alles Merkmale für ein langsames Wachstum.

Irgendwelche geschmacklichen Wunder sind aber auch hier, wie schon erwähnt, nicht zu erwarten, egal ob trocken aufbereiteter Brasil oder ein nass aufbereiteter Hochland Kenia AA. In der Tasse unterscheiden sich selbst diese Qualitäten nicht dramatisch. Denn es handelt sich eben um Kaffee, und Kaffee ist Kaffee …

Was lernen wir aus alldem? Kaffee ist nix Besonderes! Ein schwarzes, bitteres, gewöhnungsbedürftiges Getränk. Aber mit Alkaloid-Gehalt und einzigartigem Röstduft. Kaffee darf aber heute nicht mehr das sein, was er ist: eine bittere, schwarze, aber gesunde Brühe. Er muss geschmackspolitisch und auch sozial- und umweltpolitisch korrekt werden. In der Bio-, Fair- und Spezialitätenwelt muss er herhalten für Ideologie, für Weltrettung und alle möglichen überkandidelten Geschmacksbeschreibungen.

Könnte da nicht doch mal jemand mit dem Ruf „Aber er hat ja gar nichts an!“, aufstehen und die Dinge geraderücken?

Rösten statt rasten

Bereits seit vielen Jahren wird die Frage diskutiert, warum der Kaffee nicht gleich im Ursprungsland geröstet, verpackt und als Fertigprodukt exportiert wird und damit der höhere Anteil der Wertschöpfung bei den Kaffeebauern verbleiben könnte? Auch heute rufen etliche Politiker bei Besuchen in Ländern der sogenannten Dritten Welt immer wieder dazu auf, die Produktionskette vom Anbau bis zur Zubereitung im Ursprung zu belassen, um auf diese Weise den Kaffeebauern zu einer erheblichen Einkommensverbesserung zu verhelfen.

Noch bis vor wenigen Jahren waren immer wieder drei Gründe zu hören, die gegen eine Weiterverarbeitung des Rohkaffees im Ursprungsland sprachen:

1. Die meisten Röster produzieren Mischungen aus verschiedenen Kontinenten und Ländern, um einen gleichbleibenden Geschmack und eine gleichbleibende Qualität gewährleisten zu können. Diese Leistung kann von den meisten Kaffeeanbauländern nicht erbracht werden.
2. In den kaffeeproduzierenden Ländern fehlt es an qualitativer Röst- und Verpackungstechnologie, die überwiegend in den Konsumländern vorhanden ist.
3. In den Anbauländern liegen nur geringe oder überhaupt keine Kenntnisse über Kaffeeröstung und adäquate Verpackung vor, erst recht mangelt es an Wissen über Konsumgewohnheiten sowie über die Vermarktung.

Inzwischen haben sich die Voraussetzungen zwar verbessert, sind aber dennoch nicht ausreichend oder nur bedingt ausreichend, um ein profitables Geschäft zu entwickeln. Chancen bieten sich insbesondere für Länder, die eine anerkannt hohe Qualität produzieren und somit einen „pure origin Kaffee" anbieten können, für die sich aufgrund dieser Eigenschaften eine Mischung mit anderen Herkünften eher verbietet.

Gleichzeitig stehen günstige Röster und Verpackungsmöglichkeiten zur Verfügung, sodass der Sprung in die Eigenröstung und Selbstvermarktung ein überschaubares finanzielles Risiko bleibt. Problematisch sind allerdings nach wie vor fehlende Kenntnisse vom Röstverfahren, von den Geschmacksgewohnheiten und -vorlieben der Konsumländer und nicht zuletzt fehlende Kontakte zum Handel.

Ohne entsprechende Hilfeleistung bei der Kaffeeröstung und zielgerichtete Kontaktaufnahme zu geeigneten Handelsorganisationen sind die meisten Versuche, einen Direktexport gerösteter Kaffees aufzubauen, oftmals zum Scheitern verurteilt. So benötigte eine Gruppe kolumbianischer Kleinbauern, um Röstkaffee nach Deutschland zu exportieren, allein für den Versand der Produkte sechs Monate. Bei Ankunft des Kaffees war er praktisch bereits unverkäuflich.

Es gibt aber auch funktionierende Beispiele: Ein kolumbianischer Hersteller von Instantkaffee liefert seinen Kaffee in fast zwanzig Länder weltweit. Eine äthiopische Kooperative kann aufgrund der Initiative eines deutschen Unternehmens ihren Röstkaffee direkt vertreiben. Ein ähnlich positives Beispiel einer Kooperation einer thailändischen Bauerngruppe mit einer kanadischen Kette schildert Mark Pendergrast in seinem neuen Buch: Beyond transfair (26).

Insgesamt handelt es sich aber eher um Ausnahmen, die zwar das noch vorhandene Potenzial für eine Ausweitung zeigen, deren Nischencharakter aber unübersehbar, meist temporär und künstlich und damit nicht nachhaltig ist. Ein relevanter Beitrag zur Wertschöpfung in den Erzeugerländern kann so nicht geleistet werden. In jedem Fall ist auch dieses Entwicklungskonzept ohne direkte Unterstützung mehr oder weniger chancenlos und letztlich auf wenige Anbauländer beschränkt.

5. Anbau bis Zubereitung in Bildern

Aufzucht von Jungpflanzen, Peru

Neupflanzung eines Robusta-Kaffeebaumes, Tanzania

Die Kaffeeplantage mit Schattenbäumen, Kolumbien

Blühender Kaffestrauch, Honduras

Kaffeeblüten in Costa Rica

Robusta-Plantage, Tanzania

Reife Kaffeekirschen, Vietnam

Reife gelbe Kaffeekirschen in Kolumbien

Ernte reifer Kaffeekirschen, Mexiko

Reife Kaffeekirschen, Peru

rechte Seite: Stripping, Angola

Links: gestripped
Rechts: handgepflückt und selektiert, Angola

Traditionelle Sonnentrocknung der Kaffeekirschen, Äthiopien

Schälung der getrockneten Kirschen, Mexiko

Entpulpung für die nasse Aufbereitung, Kolumbien

Nasse Aufbereitung, El Salvador

Kaffee-Waschstraße, Kolumbien

Vorbereitung zur Trocknung, Peru

Solartrocknung im Tunnel, Peru

Trommeltrocknung, Mexiko

Fehlerhafte Bohnen werden aussortiert, Mexiko

Anlieferung an die Genossenschaft, Kolumbien

Angelieferte Partien werden gemischt, Kolumbien

Aufbereitung für den Export, Mexiko

Vorbereitung der Röstung, Kolumbien

Trommelröster, Kolumbien

Kontrollfenster zur Beobachtung des Röstfortschrittes

Fertig geröstet, Kolumbien

Kühlung des frisch gerösteten Kaffees

Vorbereitung einer Verkostung, Kolumbien

Organoleptische Prüfung des Kaffees, Peru

Prüfung bestanden ...

Verpackt für den Export

6. Nadelstreifen gegen Ziegensocken

Am Anfang gab's die Niki-Dröhnung

Bereits in den 70er-Jahren des vorigen Jahrhunderts starteten kirchliche Gemeinschaften erste Versuche, Kaffee zu einem „gerechten" Preis in sogenannten „Dritte-Welt-Läden" zu verkaufen. Eines der ersten Lieferländer wurde das von Unterdrückung und politischer Willkür geschundene Nicaragua. Anfang der 80er ging der Bremer SPD Vorsitzende Henning Scherf als Kaffeepflücker in das zentralamerikanische Land, um ein Zeichen für die Unterstützung der Bevölkerung zu setzen.

Bereits einige Jahre vorher, 1975, wurde die Gesellschaft zur Förderung der Partnerschaft mit der Dritten Welt mbh (GEPA) gegründet. Schwerpunkt aller Aktivitäten und der Verkäufe in den sogenannten Dritte-Welt-Läden (heute: Eine-Welt-Läden) war Kaffee, das Lieblingsgetränk der Deutschen. Die Kaffees kamen zum größten Teil aus Guatemala und Nicaragua. Kaffeegenuss war das nicht: So wurden die meisten Kaffeeangebote als „Niki-Dröhnung" bezeichnet, das Bittergetränk war eher für masochistisch veranlagte Gaumenfreuden geeignet. Henning Scherf jedenfalls gestand später einmal in einem Interview: „Ich trinke nur Kaffee, wenn ich mich nicht anders als durch Magenschmerzen wach halten kann ..."

Als 1992 der Verein TransFair e.V. in Köln gegründet wurde, bekamen die Diskussionen um „Ausbeutung" der kleinen Kaffeebauern neuen Schwung, vor allem Großröster wurden angeprangert, auf Kosten der Kleinbauern Profit zu machen. Es folgte ein jahrelanges Rollenspiel, Kaffeeunternehmen waren die Bösen, Vertreter von TransFair oder GEPA die Guten. Selbst als erste Röstereien sich entschlossen, sogenannten „fair gehandelten" Kaffee in ihr Sortiment aufzunehmen, wurden sie gleichzeitig beschimpft, weil sie nicht das gesamte Sortiment umgestellt hatten. Immerhin gelang es TransFair vor allem in mittleren Universitätsstädten im Lebensmitteleinzelhandel präsent zu sein. Die Initiative konnte dort auch einige Erfolge vorweisen.

Show- und Politprominenz zeigten sich gern in der Öffentlichkeit mit einem Päckchen GEPA-Kaffee in der Hand und sorgten für eine ständige Medienpräsenz des „fair" gehandelten Kaffees. Eine neue Initiative dieser Symbolpolitik durch Selbstinszenierung ist die Ausrufung vereinzelter Gemeinden als „Fairtrade Towns".

In den Diskussionen prallten zwei Weltanschauungen aufeinander, die lange Zeit unvereinbar schienen. Keines der großen Kaffeeunternehmen war bereit, auch nur einen kleinen Teil des Sortiments mit „fairen“ Bohnen zu füllen, wäre es doch das Eingeständnis gewesen, dass jeder andere Kaffee als „unfair“ bezeichnet werden könnte.

1997 schlossen sich Max Havelaar aus der Schweiz, Fairtrade Österreich und TransFair Deutschland zur „Fairtrade Labelling Organizations International (FLO)“ mit Sitz in Bonn zusammen, der sich noch weitere Label-Organisationen weltweit anschlossen. FLO vergibt über ihre nationalen Siegelorganisationen das neue Fairtrade-Siegel.

Umfragen von TransFair ergaben eine angeblich hohe Bereitschaft der Kaffeekäufer, „fair gehandelten“ Produkten den Vorzug zu geben. Die tatsächlichen Marktanteile jedoch bewegten sich über viele Jahre unter bis knapp über 1 Prozent. Ein Sprecher eines Bremer Kaffeeunternehmens kommentierte lapidar: „TransFair ist ein Medien- aber kein Marktereignis ...“

Die heutige Situation stellt sich allerdings etwas anders dar. In den Regalen des Handels finden sich viele Angebote fair gehandelter Kaffees, nicht nur von kleineren Unternehmen, sondern auch inzwischen von einer ganzen Reihe von Großunternehmen. Ob das TransFair-Siegel jedoch tatsächlich gewährleistet, dass die Kleinbauern eine „gerechte“ Entlohnung ihrer Arbeit erhalten, ist in mancherlei Hinsicht sehr fraglich.

Die Preisgestaltung ist allein Sache des Handels. Der Kaffee im Regal ist längst vom Kaffeebauer über Exporteur, Importeur und Röster verkauft und weiterverarbeitet worden, ob der Preis des „fair“ gehandelten Kaffees höher oder sogar niedriger ist, spielt für den Bauern also keine Rolle mehr. Der Konsument hat somit keinen Einfluss darauf, ob der Bauer tatsächlich einen höheren Erlös erzielt hat.

Fair-kehrte Preise

Das internationale Kaffeeabkommen basierte auf einem Mindestpreis von FOB 125 c/lb innerhalb der zugeteilten Exportquoten. Als das Quotensystem 1989 suspendiert wurde, begann eine schwere Kaffeekrise, die bis 1995 andauerte. Fairtrade nahm dann dieses Preissystem zum Vorbild für seine Preispolitik. Für die von ihr zertifizierte und vertraglich ausgehandelte Menge zahlte sie den Bauernorganisationen einen Mindestpreis von 125 c/lb FOB, wenn die Weltmarktpreise darunter lagen, was sechs Jahre lang der Fall war. Stiegen die Preise über dieses sogenannte Sicherheitsnetz, zahlte Fairtrade den aktuellen Weltmarktpreis bis zur nächsten Kaffeekrise, die 2000 begann. Mittlerweile hat Fairtrade den Mindestpreis auf 140 c/lb angehoben, da seit 2008 die Weltmarktpreise stark angestiegen sind, zeitweise auf über 200 c/lb, und der alte Fairtrade-Preis uninteressant geworden ist.

Wohl deswegen zahlt Fairtrade jetzt zusätzlich eine Prämie von 30 c/lb (vorher 20 c/lb) an die Produzentenorganisationen, deren Verwendung aber an bestimmte Vorschriften gebunden ist. Es müssen damit soziale Projekte gefördert werden, die der ganzen Gemeinde zugutekommen sollen, und 5 c/lb davon müssen zur Produktivitätssteigerung und Qualitätsverbesserung investiert werden.

Nun macht Fairtrade aber beim Verbraucher damit Werbung, dass dieser Handel – im Gegensatz zu den Händlern und Röstern, die ja laut Fairtrade den Markt unter sich aufteilen und ungerechte Preise zahlen – faire und vor allem gerechte Preise zahlt, was immer das auch für Preise sein sollen. Wenn also die Bauern und ihre Kooperativen dann diese angeblich ihnen zustehenden gerechten Preise endlich auch mal bekommen, warum dürfen sie denn damit nicht machen, was sie wollen, selbst wenn sie das Geld verjubeln?

Da die Genossen sehr wohl diese koloniale Fairtrade-Politik durchschauen, führen sie deren Inspektoren auch immer wieder die gleichen Projekte vor: den alten Bolzplatz und den Basketballkorb, den Brunnen und die Wasserleitung eines ehemaligen Entwicklungshilfeprojektes. Der Inspektor von der angeblich von FLO unabhängigen FLO-CERT ist froh über jeden noch so milden Organisationsfortschritt und nickt das alte Vorhaben ab. Auf keinen Fall sollte die Organisation aberkannt werden, denn sie zahlt ja die Inspektion.

In Peru, von wo bei uns der meiste Fairtrade-Kaffee herkommt, schätzt die dortige Kaffeekammer, hätten 15 Mio. Dollar von den 90 FLO-zertifizierten

Organisationen – vor allem von COCLA und La Florida – in den Jahren von 2009 bis 2014 in soziale Projekten investiert werden müssen. Aber vor Ort sieht man so gut wie nichts davon. Selbst Fairtrade gibt zu, dass das meiste Geld für Gehälter, Mieten und Fahrzeuge ausgegeben wird.

Die „fairen" Preise fördern also ineffiziente Strukturen. Aber vor allem verhindern sie, dass die Bauern und ihre Organisationen lernen, am Marktgeschehen voll teilzunehmen, an der Börse zu verhandeln, das Hedging lernen und somit die Krisen zu überstehen, so wie die Händler auch.

In der Regel zahlt FLO bzw. ihr Vertragsröster bei Vertragsabschluss die Hälfte der Vertragssumme, das sind bei einem Container und den derzeitigen Preisen immerhin ca. 25.000 US-$, als Vorschuss, damit der Geschäftsführer den Kaffee der Genossen schon mal aufkaufen kann. Der kauft aber zunächst einmal seinen eigenen Kaffee und den des Präsidenten und etwaiger einflussreicher Vorstandsmitglieder auf, auch dann, wenn die über wenig oder keinen Kaffee verfügen. Wenn der Verschiffungstermin näher rückt, kaufen sie den fehlenden Kaffee zu, auch schon mal von nicht zertifizierten Nichtmitgliedern und dann natürlich ohne FLO-Zuschlag. Der verbleibt bei ihnen.

FLO profitiert am meisten von diesem korrumpierenden System der „fairkehrten", d. h. nicht marktkonformen Preise. Fairtrade, in den 90er-Jahren als Alternative zum konventionellen Welthandel gestartet, zählt heutzutage auch selbst zum globalen Wirtschaftssystem und ist ein sehr erfolgreicher Teil des Business mit der Barmherzigkeit.

Die Anhänger des Fairtrade, die vor allem auf soziale Hilfe konzentriert und meist wachstums- und wirtschaftsfeindlich eingestellt sind, halten das Weltmarktpreisniveau immer für zu niedrig, obwohl in den letzten zehn Jahren die Weltmarktpreise im Schnitt doppelt so hoch waren wie die Produktionskosten in Kolumbien, dem Land des teuersten Produzenten, mit ca. 80 c/lb. Die Produktionskosten des billigsten Produzenten Vietnam liegen bei lediglich 20 c/lb.

Fairtrade-Kunden betrachten das Preisniveau aber nicht aus ökonomischer Sicht, sondern unter ethischen Gesichtspunkten. Ein „fairer" Preis ist in ihrem Sinne nicht ein markträumender Preis, sondern einer, der eine bestimmte Einkommensverteilung herstellt, um den Kleinbauern ein angemessenes Einkommen zu ermöglichen. Aber was angemessen ist, ist auch vor Ort nur schwer zu ermitteln.

Die kleinen Kaffeebauern sind auch nicht die ärmsten. Das ist ein vielfach von Fairtrade verbreiteter Mythos. Wer Kaffeebäume besitzt, hat auch Land, und sei es auch nur ein kleines Stück. In diesen „Gärten“ ist der Kaffee nur die cash crop, ansonsten wachsen dort vielerlei food crops für die Selbstversorgung; und wer sich selbst versorgen kann, wandert nicht ab in die Slums der Städte. Die wirklich Armen sind die landlosen Landarbeiter und die wandernden Kaffeepflücker. Und diese erreicht die Label-Politik auch nicht, weil in einer Region die Löhne weitgehend gleich sind, unabhängig von den Vermarktungskanälen und -gesetzen des Kaffees.

Entgegen der weitverbreiteten Meinung unter den Ladenkunden hat Fairtrade, wie gesagt, keinen Einfluss auf die Preisgestaltung des Kaffees im Laden. Den bestimmen die Lizenzinhaber, also vor allem die Röster, und diese Kaffeepreise werden entsprechend der jeweiligen Wettbewerbssituation festgesetzt, völlig unabhängig von den Verträgen mit den Bauernorganisationen, in deren Vertragsgestaltung der Verein sich mit seinen Vorschriften einmischt.

Üblicherweise bewegt sich Transfair-Kaffee bei nur durchschnittlicher Qualität im höheren Preisbereich der Gourmet-Marken. Statt einer besseren Qualität bekommt der Verbraucher für den höheren Preis nur seine moralische Befriedigung. Und das ist der eigentliche Nutzen der „fairkehrten“ Preise.

Darin liegt aber auch ein gewisser Zynismus, der dem Kaffeetrinker die Entscheidung für oder gegen Ausbeutung und Umweltzerstörung auferlegt, indem er ihm indirekt sagt: „Wenn du keinen „fairen“ Kaffee kaufst, bist du mit schuld!“

Wo bleiben die Aufpreise?

Fairtrade macht zur Bedingung, dass sich die Kleinbauern für die Zertifizierung in legalisierten Vereinigungen zusammenschließen müssen. Sie bevorzugt dabei die eingetragene Genossenschaft mit beschränkter Haftung, weil in den meisten Kaffeeländer entsprechende Genossenschaftsgesetze bestehen.

Das Wort Genossenschaft ist leider für viele Bauern zum Synonym für Misswirtschaft und Korruption geworden. Als sogenannten „Dritten Weg“ zwischen Sozialismus und Kapitalismus wurde die Genossenschaftsbewegung seit Beginn der Sechzigerjahre in der sogenannten „Dritten Welt“ international zunehmend gefördert. Sie ist, mit Ausnahme von Costa Rica, wo sie von europäischen und amerikanischen Einwanderern begründet wurde, so gut wie überall in Lateinamerika und Afrika gegenwärtig in der Krise (29). In Asien hat sich die westliche Genossenschaftsidee nie richtig durchgesetzt; abgesehen von Indien, das sie als ein Instrument der Wirtschaftsplanung betrachtet.

Viele Kaffeegenossenschaften sind nach der internationalen Förderung wieder verschwunden, andere vegetieren funktionslos am Rande der Liquidation, und nur sehr wenige haben es erreicht, sich zu konsolidieren und ihren Mitgliedern unentbehrliche und kostengünstige Dienstleistungen über viele Jahre hinweg anzubieten und mit dem stets verteufelten Zwischenhandel zu konkurrieren oder zu kooperieren, was oft viel erfolgreicher war.

Die „Dritte Welt" erlernte auf Betreiben der Internationalen Genossenschaftsallianz die Genossenschaftsbewegung von Europa, finanziell stark unterstützt von der US-Wirtschaftshilfe (A.I.D.) sowie kirchlichen (MISERIOR) und staatlichen Hilfsprogrammen. Aber im Gegensatz zu Europa, wo sich die Genossenschaften als „Kinder der Not" von unten als freie Selbsthilfe-Unternehmen eigenständig entwickelten, wurden sie den Kleinbauern in den Entwicklungsländern von oben herab aufoktroyiert. Im Zuge von Agrarreformen wurden sie auch zu Produktivgenossenschaften degradiert. Viele Regierungen bedienen sich heutzutage dieser Organisationsform, um ihre sozialökonomischen Planungen und direkten Hilfen zu kanalisieren. Ebenso benutzt die Entwicklungshilfe diese abhängigen „Pseudogenossenschaften" als Instrument zur Durchführung von Entwicklungshilfeprojekten (28).

Die Kaffeebauern identifizieren sich deshalb nicht mit ihrer eigenen Genossenschaft; sie betrachten sie, wie auch die anderen international geförderten Kooperationsformen, eher als eine Wohlfahrtsinstitution und nicht als ihren eigenen Dienstleistungsbetrieb. Ihnen wurde ja gesagt, dass sie sich organisieren müssen, um das Zertifikat und bessere Preise zu bekommen. Dass sie auch Eigenleistungen, also ihre Genossenschaftsanteile, bezahlen mussten, wurde oft mittelhilfe von Hilfsgelder kaschiert, vielfach aber von der Rückvergütung abgezogen, falls eine solche überhaupt gezahlt wird.

Die Genossenschaften, und ebenso die anderen von Fairtrade geforderten Kooperativen, dürfen als gemeinnützige Unternehmen keine Gewinne machen. Der Bauer bekommt für seinen Kaffee bei der Anlieferung an die Genossenschaft zunächst nur eine Abschlagszahlung in Anlehnung an den örtlichen Marktpreis. Den vollen Preis soll er dann am Ende des Jahres als Rückvergütung erhalten.

Der Bruttogewinn wird am Jahresende aber zunächst auf die verschiedenen Fonds der Genossenschaft aufgeteilt, als da unter anderen sind: der

Reservefonds, der Investitionsfond, der Erziehungsfond und der Sozialfond, in den auch der sogenannte „soziale Aufpreis“ (30 c/lb) von Fairtrade fließt. Bleibt danach ein Nettogewinn übrig, wird dieser als Rückvergütung an die Mitglieder verteilt entsprechend ihrer abgelieferten Kaffeemenge. Aber auch nur an die Mitglieder, die bereits ihre Geschäftsanteile voll einbezahlt haben. Da das bei den meisten Genossen nicht der Fall ist, wird erst ihr „Schuldenkonto“ bedient, bevor sie eine Rückvergütung erhalten. Die „gerechten“ Fairtrade-Preise verbleiben somit größtenteils, wenn nicht gänzlich in der Genossenschaft und werden nur zum geringeren Teil oder gar nicht an die Bauern ausbezahlt. Und sie gehen gänzlich verloren, wenn die Kooperative, wie so oft, sich nach der Förderung wieder auflöst.

Der „Coyote“, wie der Zwischenhändler auch bei Fairtrade genannt wird, zahlt den Marktpreis „bar auf die Hand“, und nicht selten liegt der auch etwas höher als die Abschlagszahlung der Genossenschaft. Bei den ortsüblichen Wucherzinsen zwischen 10 % und 30 % pro Monat, bedeutet Liquidität den Bauern weitaus mehr als ein Aufpreis, der erst in der Zukunft ausgezahlt wird.

Die Masse der Kleinbauern versteht wenig oder nichts von den geschäftlichen Notwendigkeiten ihrer Unternehmen, gleich welcher Organisationsform, und ist weder bereit noch in der Lage nennenswerte Eigenleistungen beizutragen. Die Genossenschaftsführer, also der Präsident des Verwaltungsrates und der Geschäftsführer, sind meist mittlere oder größere Kaffeebauern, die oft für ihren eigenen persönlichen Vorteil auf Kosten der kleinen Genossen gemeinsame Politik betreiben. Die Mitglieder und ihr Aufsichtsrat nehmen ihre Kontrollfunktion aus Unkenntnis vielfach kaum richtig wahr.

Aus diesen Gründen ist die Liefertreue der Genossen auch sehr begrenzt und sie verlassen die Genossenschaft schnell wieder, wenn die versprochenen Zusagen neuerer Exportverträge und höherer Preise nicht eingehalten werden können. Auch die sogenannten Spezialröstereien, die Herkunftskaffees rösten, kennen dieses Problem der Liefertreue und der extrem schwankenden Kaffeequalitäten im viel beworbenen Geschäft des „direct coffee“. Ein alternatives Entwicklungskonzept ist das auch nicht.

Kostenvergleich konventioneller Handel vs. Transfair für 1 kg Röstkaffee in Deutschland, US-$ pro kg

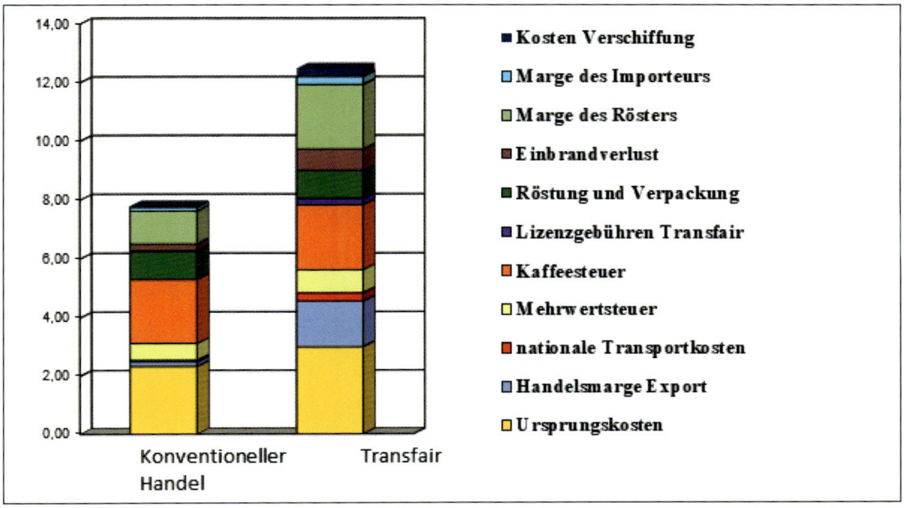

Quelle: Camará Peruana del Café y Cacao

Die Grafik zeigt die Kostenstrukturen von konventionell und fair gehandeltem Kaffee auf, jeweils bezogen auf 1 kg Röstkaffee. Dabei fällt sofort auf, dass fair gehandelter Kaffee wesentlich höhere Kosten in fast allen Verarbeitungs- und Vermarktungsschritten aufweist. Die Gewinner sind dabei aber nicht die Kaffeebauern, sondern die höheren Margen kommen den Röstern und dem Handel zugute. Letztlich führt die Kostenstruktur zu höheren Preisen im Lebensmitteleinzelhandel, wo der fair gehandelte Kaffee preislich zwischen 20 bis 24 $ pro kg liegt. Die vermeintlichen Mehreinnahmen der Kaffeebauern kassiert zunächst die Kooperative, die den Kaffee verkauft. Diese Mehreinnahmen fließen teils in soziale Projekte, Schulen etc., häufig aber leider auch in die Anschaffung eines neuen Autos für den Geschäftsführer der Kooperative. Falls dennoch Geld übrig bleibt, wird dies am Ende eines Kaffeejahres auf alle Mitglieder der Kooperative verteilt. Der einzelne Bauer weiß nicht, ob sein Kaffee nun als fair gehandelt oder konventionell verkauft wird, sodass es nur gerecht ist, verbleibende Mehreinnahmen auf alle zu verteilen. Die Konsequenz: Es bleiben lediglich Cent-Beträge für den Bauern übrig. Die Geschichte vom verbesserten Einkommen der Kaffeebauern gehört in den Bereich des frommen Glaubens.

Wie Hilfe lähmt

Die Kaffeebauern, die dank guter Aufbereitungsanlagen in der Lage sind, bessere Qualitäten aufzubereiten, verkaufen diese zu besseren Preisen an die privaten Kaffeemühlen, und überlassen die minderwertigen Qualitäten ihrer eigenen Genossenschaft, die keine Qualitätszuschläge bezahlt, weil Fairtrade beim Mindestpreis bessere Qualitäten nicht entsprechend honoriert. Die Kooperative macht dann das schlechte Geschäft mit dem schlechten Geschmack; und der „faire" Handel kommt so nicht aus seiner 3%-Nische heraus. Das Geschäft mit dem schlechten Gewissen scheitert an der schlechten Qualität.

Die wirksamste Förderung für die Bauern ist ein Preis, der sie für eine gute Qualität belohnt. Dieser Mehrwert bleibt beim Bauern, fördert den Handel und nützt letztendlich auch dem Verbraucher. Aber die große Bandbreite bei den Kaffee-Qualitäten stellt eben auch sehr hohe Anforderungen an den Handel, die der „faire" Handel vergeblich versucht zu ignorieren. Dieser setzt auf ein System von Förderungen, das nicht zu gerechten Preisen führt, sondern bei wachsendem Bürokratieaufwand zur Abhängigkeit von Almosen, für die es nicht einmal eine Garantie gibt.

Die Genossenschaftsidee kann in der „Dritten Welt" nur dann überleben, wenn der „spoon feeding"-Mentalität der Kleinbauern eine effiziente auf Selbsthilfe und Eigenleistung basierende Organisation gegenübergestellt wird. In Konkurrenz mit dem Zwischenhandel muss daher das Leistungsprinzip viele liebgewonnene genossenschaftliche Grundprinzipien wie „Ein-Mann-eine-Stimme", „Alle für Einen, Einer für alle" und das Preisgleichheitsprinzip ablösen. Der Wohltätigkeitsgedanke muss einer modernen demokratischen und effizienten Dienstleistungsauffassung weichen (30).

Die Fairtrade-Politik steht diesem notwendigen Funktionswandel, der die Genossenschaften aus der Krise herausführen könnte, mit ihrer Almosenvergabe im Wege, weil sie die Eigeninitiative und die Selbsthilfe lähmt. Diese Handelspolitik betrachtet die Genossenschaftsform ebenfalls nur als ein Instrument ihrer Label-Politik zum Schaden einer freien Entwicklung effizienter unternehmerischer Organisationsformen für Kleinbauern in Entwicklungsländern. Längst ist Fairtrade ein Teil des Entwicklungsproblems, d. h. der Entmündigung durch lähmende Hilfe.

Zum Beispiel Peru

Das peruanische Finanzministerium registrierte 2015 mehr als 150 Kooperativen als „inaktiv" oder „zur Zeit suspendiert" oder „ohne Geschäftsbetrieb", weil diese Organisationen seit Jahren keine Jahresabschlüsse eingereicht haben. Aber die Zahl der von FLO zertifizierten Kooperativen stieg von 2013 bis 2015 von 82 auf 102. Ihr gemeinsamer Kaffeeexport stieg aber nur unerheblich, was bedeutet, dass die einzelnen Kooperativen immer weniger Lieferverträge mit FLO-Prämie abschließen konnten. Die Zertifizierungskosten stiegen aber erheblich an.

Die zertifizierte exportfähige Produktion dieser 102 Kooperativen betrug 1,6 Mio Sack á 60 kg, das waren 41 % des gesamten peruanischen Kaffeeexports. Und das war mehr als das doppelte Exportvolumen aller peruanischen Bauernorganisationen zusammen, das in den Jahren von 2009 bis 2015 durchschnittlich nur 615.000 Sack pro Jahr betrug. (Quellen: FLO-CERT und die Statistik der Peruanischen Kaffee- und Kakaokammer)

Was passiert mit dem zertifizierten FLO-Kaffee, der nicht als solcher exportiert wurde? In Peru hat sich ein Sekundärmarkt für diesen Kaffee gebildet, der zu erheblichen Verwerfungen auf dem Inlandsmarkt führt und auch schon zu vereinzelten Protesten der Bauern.

Die Zwischenhändler kaufen diesen zertifizierten Kaffee zu geringeren Prämien auf, weisen aber durch buchhalterische Tricks die vollen Prämien gegenüber den Exporteuren nach, oder einigen sich auf den „Combo"-Handel zu einem Mischpreis zwischen konventionellem Marktpreis und FLO-Markt.

In beiden Fällen erhält die Bauernorganisation nicht den Aufpreis, den der Konsument zahlt, also die volle FLO-Prämie von 20 ct/lb (in 2015). Das wären schon damals ca. 8 Mio US-Dollar pro Jahr, wenn man annimmt, dass nur die Hälfte des Exports der Kooperativen FLO-Kaffee war, also ca. 300.000 Sack. Und diese Summen werden auch von den Kaffeebauern reklamiert.

In Deutschland kommt der meiste Fairtrade-Kaffee aus Peru, und vor allem aus diesem dubiosen Markt, von dem es keine Statistik gibt, wie überhaupt FLO über keine gesicherte und detaillierte Exportstatistik ihres zertifizierten Kaffees verfügt.

Die Über-Zertifizierung geht aber weiter, da FLO an den Gebühren dafür gut verdient. Weltweit stehen mittlerweile 550.000 t Fairtrade-zertifizierter Kaffee zur Verfügung. Die Vermarktung der Überschüsse ist ihre Sache nicht.

Sie vermarktet nur ihr Label! Der „faire Handel“ handelt nicht – mit keiner „fairen“ Ware. Dass hier etwas grundsätzlich falsch läuft, müsste auch den hartnäckigsten Wohltätern einleuchten.

Kinder, Kaffee und Kartoffeln

Kinder bis zum Alter von 15 Jahren dürfen nach internationaler Vereinbarung keiner erwerbsmäßigen Arbeit nachgehen. In einigen Ländern gilt diese Einschränkung aufgrund nationaler Gesetze bis zu einem Alter von 13 Jahren. Hierbei geht es der ILO und den nationalen Bestimmungen nicht um Kinder, die ihren Eltern bei der Ernte helfen, Wasser holen oder Zeitung austragen, sondern um ausbeuterische Kinderarbeit in Fabriken, Baustellen und Plantagen.

Erst kürzlich behauptete der für Entwicklungshilfe zuständige Minister der Bundesregierung: „Hunderttausende Kinder arbeiten für den Kaffee, den wir trinken.“ Auf welche Quellen oder Erkenntnisse er sich dabei beruft, verrät er allerdings nicht.

Hierzu zunächst einige Fakten: Etwa 80 % aller Kaffeefarmen sind kleinbäuerliche Familienbetriebe, die aber schätzungsweise höchstens 40% der Weltkaffeeernte pflücken. Die überwiegende Tonnage an Rohkaffee wird von Großfarmen geliefert, auf denen Kinderarbeit praktisch nicht vorkommt. In den brasilianischen Plantagen wird die Ernte zu einem nicht geringen Anteil maschinell erledigt, also kommt hier der Arbeitseinsatz von Kindern gar nicht infrage.

Auch in den Familienbetrieben ist die Ernte durch Kinder heute nicht mehr üblich, da sie zu klein sind, um an die Kaffeekirschen heranreichen zu können und der Mithilfe älterer Pflücker bedürfen. Wenn sie trotzdem bei leichteren Arbeiten, z. B. Aufsammeln von Kaffeekirschen oder Pflege der Jungpflanzen mithelfen, so geschieht das meist in den Schulferien und gehört nicht zuletzt auch zur Ausbildung im Kaffeeanbau. Damit der Schulbesuch auf jeden Fall vorrangig bleibt, haben die kaffeeproduzierenden Länder mit hohem Anteil von Kleinbetrieben die Schulferien so gelegt, dass sie mit der Erntezeit übereinstimmen.

Generell lässt sich feststellen, dass Kinderarbeit im Kaffeesektor zu keiner Zeit ein ernsthaftes Problem darstellte. Und vielleicht erinnert sich so mancher Leser noch an eine Zeit, in der bei uns die Herbstferien „Kartoffelferien“ genannt wurden, weil Kinder und Jugendliche bei der Ernte fleißig mithalfen.

Ende der 90er-Jahre erregte ein Bericht der Washington Post über sogenannte Kindersklaven in der Elfenbeinküste international für Aufsehen. Hier kann nicht bestritten werden, dass Kinder, Jungen und Mädchen aus Mali und Burkina Faso an skrupellose Menschenhändler verkauft und in die Elfenbeinküste gebracht wurden. Aber deren Einsatz in Kakaoplantagen sowie Misshandlungen der Jungen konnten damals nicht bestätigt werden, wie intensive Nachrecherchen ergaben. Es gab aber mehrere „Angebote“ Kindersklaven für 5 US-$ zu fotografieren ...

Leda erinnert sich

Auch in Costa Rica fallen die großen Schulferien – von Dezember bis Februar – mit der Kaffeeernte zusammen, damit die Kinder ihren Eltern bei der Ernte helfen können, so wie bei uns früher die Kartoffelferien im Herbst. Kinderarbeit ist in Costa Rica erlaubt, wenn die Eltern sich bei der Gemeinde (beim Patronato de la Infancia) eine Arbeitserlaubnis für ihre Kinder besorgen; allerdings nur für Kinder ab 15 Jahren. In den Kaffeeregionen dürfen aber auch jüngere Kinder bei der Ernte mithelfen.

Leda Duran, heute eine Consultant für Öko- und Genderprojekte, war zwölf als ihre Brüder sie zum ersten Mal zur „faena“ (Kaffeeernte) mitnahmen. Sie erinnert sich:

„Mein Großvater väterlicherseits, ein trauriger und verbitterter Mann, hatte eine kleine Kaffeefinca. In den Schulferien arbeiteten meine Brüder und ich dort während der Kaffeeernte. Wenn die Ernte bei meinem Großvater vorbei war, gingen wir zur Finca des älteren Bruders meiner Mutter; und wenn es dort nichts mehr zu pflücken gab, fuhren meine Brüder mit Viehtransportern zu weiter entfernten Fincas, wo es immer Arbeit gab.

Kaffeepflücken ist eine harte Arbeit. Man muss vor Sonnenaufgang aufstehen. So früh sind die Kaffeekirschen feucht und kalt, die Finger erstarren vor Kälte. Mittags brennt die Sonne; der Lärm der Zikaden im Kaffee betäubt die Ohren; die Kaffeemücken stachen durch unsere Kleider hindurch.

Die alten Kaffeesträucher erschwerten unsere Arbeit, weil sie so hoch sind. Meine älteren Brüder beugten die Zweige mit Haken nach unten, so dass wir Kleinen die Kirschen pflücken konnten. Die Hänge, an denen der

Kaffee wächst, sind so steil, dass wir uns an den Kaffeebäumen anbinden mussten, um nicht nach unter zu kullern. Und der volle Korb wog schwer und schien unsere Hüften zu brechen.

Aber nicht alles war nur Arbeit im Kaffee. Die verbotenen „Kinderkriege" gegen unsere Vettern waren lustig: Wir beschossen uns gegenseitig mit den Kaffeekirschen. Die Witze, die wir uns erzählten, und die Lieder, die wir sangen, erleichterten unsere Arbeit. Und wie herrlich war es, wenn wir an eine Reihe mit neuen niedrigen Kaffeesträucher kamen, die voll waren mit reifen roten Kirschen; unser Korb füllte sich schnell.

Der beste Wochentag war der Samstag, wenn der Aufseher unsere Chips zu Geld wechselte, mit denen er uns in der Woche bezahlt hatte. Heute noch spüre ich die Befriedigung und den Stolz, den der Lohn mir gab. Auch wenn es wenig war, so konnten wir uns doch zu Weihnachten neue Kleider kaufen; und was noch wichtiger war, die Sachen für das neue Schuljahr, das nach der Ernte begann. Vom Kaffee kauften wir die neuen Schuhe und die Schulbücher; eine große Hilfe für unsere arme Mutter, die Wunder vollbringen musste, um das Geld, das mein Vater ihr gab, zu strecken.

Durch den Kaffee wurden wir erwachsen. Alle sieben Kinder gingen auf die Universität, nur der Pastor nicht, der mit 19 Jahren in einen Konvent ging. Zu meiner Zeit konnten nur Kinder der Oberschicht studieren. Aber wir bekamen ein Stipendium als kinderreiche Familie und auch wegen der guten Noten, für die wir trotz Arbeit, oder gerade deswegen, eifrig lernten.

Der Kaffee und ich, wir haben unsere Geschichte."

7. Ökologie und Ökonomie

Eine Erfolgsstory

Der Biomarkt hat eine grandiose Erfolgsgeschichte und wächst stetig und rasant weiter. Seit auch die Discounter der Biobranche immer längere Regale bereitstellen, wächst dieser Markt im zweistelligen Bereich; und er wächst schneller als die Anbaufläche. Die ökologische Produktion kann mit der Dynamik des Marktes nicht Schritt halten.

In Deutschland setzt die ökologische Land- und Lebensmittelwirtschaft mit über 37.000 Biobetrieben jährlich rd. 10 Mrd. Euro um. Damit ist die BRD der größte Biomarkt in Europa, auf dem ca. 30 Mrd. umgesetzt werden, gefolgt von Frankreich mit 5,5 Mrd. England mit fast 3 Mrd. und Italien mit 2,5 Mrd. Weltweit ist lt. FIBL Deutschland auf Platz 2 nach den USA.

Mittlerweile kommen die meisten Biolebensmittel, Biogetränke und Bionaturkosmetika aus dem Ausland, weil die Nachfrage das heimische Angebot übersteigt, das wegen der langwierigen Umstellung vom konventionellen auf ökologischen Landbau nicht nachkommen kann.

Das Tor zum europäischen Markt ist die Weltleitmesse „ Biofach“ die jährlich im Februar in Nürnberg stattfindet. Fast 3.000 Austeller bieten dort ca. 10.000 Produkte an, die alle nach der EU-Öko-Verordnung (Nr. 834/2007) bzw. den Akreditierungsrichtlinien der IFOAM zertifiziert sind. Etwa 1.700 Aussteller kommen aus dem Ausland und zunehmend aus Drittländern, so nennt die EU-Verordnung die Nicht-EU-Staaten. Von ihnen werden annähernd 200 verschiedene Biokaffees aus 20 Kaffeeanbauländern vorgestellt.

Die Öko-Importe aus Entwicklungsländern wurden auch durch die Anerkennung der Drittlandzertifizierung beflügelt. Die dortigen Kontrollstellen, oft Töchter europäischer oder amerikanischer Zertifizierer, aber auch unabhängige lokale Kotrollstellen, wurden international akkreditiert, was die Zertifikatskosten erheblich senkte.

Bei Biokaffee ist alles anders

Während bei fast allen Ökoprodukten die Preiselastizität sehr hoch ist, ist sie bei Kaffee als Genussmittel sehr gering. Das bedeutet, dass der Aufpreis für die Bioware nur einen sehr geringen Einfluss auf die Nachfrage hat, sie also nicht reduziert. Dennoch stagniert der Anteil von Biokaffee am gesamten Kaffeemarkt seit Jahren unter 3 %. Am Preisunterschied zum konventionellem Kaffee kann das nicht liegen und am mangelnden Angebot auch nicht. Im Gegenteil herrscht bei Biokaffee weltweit ein großes Überangebot an Rohkaffee auf diesem Nischenmarkt.

In Mexiko, dem größten Produzenten von Biokaffee, gelangt nur ein gutes Drittel der zertifizierten Produktion von schätzungsweise 30.000 t Rohkaffee auf den internationalen Biomarkt. Der meiste Biokaffee wird als konventionelle Ware exportiert, mangels Nachfrage. In Peru, dem mit ca. 20.000 t zweitgrößten Anbauland für Biokaffee, findet ebenfalls nur ein Teil des Biokaffees einen zertifizierten Bio-Importeur in Übersee.

Eine Ausnahme ist Costa Rica, wo nur 0,7 % (ca. 525 t) des Kaffees ökologisch angebaut werden, allerdings mit den weltweit höchsten Erträgen. Da es sich hier außerdem um qualitätsmäßig hochwertigen Biokaffee (den begehrten „centrals" wie den Terrazu, den Tournon und den Bellavista) handelt, wird er auch zu über 90 % als Bioware exportiert. Die Inlandsnachfrage nach Biokaffee ist in den Kaffeeanbauländern selbst unbedeutend.

Und dennoch steigt die Produktion von Biokaffee in allen Kaffeeländern weiter an. Dies hat mehrere Gründe. Begonnen hat die Umstellung auf Biokaffee in Mexiko Anfang der 90ger-Jahre, gefördert durch die Entwicklungshilfe. Nach der Suspendierung des Quotensystems im Internationalen Kaffeeabkommen im Jahr 1989 und dem darauf folgenden drastischen Zerfall der Kaffeepreise sahen viele Geberländer in der Förderung des ökologischen Kaffeeanbaus eine Lösung für die prekäre Situation der kleinen Kaffeebauern und darin auch eine Alternative zum Drogenanbau.

Die Entwicklungshilfeprojekte beraten aber nicht nur die Bauern bei der Umstellung auf den ökologischen Anbau und den ökologischen Pflanzenschutz; sie übernehmen in der Regel auch die Kosten für die Zertifizierung und Vermarktung, damit der Aufpreis für den Biokaffee den Bauern direkt zugutekommt, und nicht von den Kosten für das Zertifikat verbraucht wird, wofür der Aufpreis aber gerechtfertigt wird gegenüber dem Verbraucher.

Den Überschuss an Biokaffee, der konventionell im Mainstream-Kaffee vermarktet wird, bekommen die Verbraucher gratis, d. h. sie zahlen hierfür keinen Biozuschlag. Die Kontrollstellen und ihre Inspekteure haben aber gut daran verdient. Dies trifft auch bei Fairtrade-Kaffee zu und ebenso bei den vielen anderen Labels. Die Zertifizierer, d. h. die Kontrollstellen, sind die eigentlichen Nutznießer des Label-Unsinns.

Die hohe Produktivität des ökologischen Kaffeeanbaus

Die Umstellungsperiode bei Dauerkulturen wie dem Kaffee beträgt normalerweise drei Jahre. Diese Zeit kann aber auf ein Jahr reduziert werden, wenn die erste Inspektion ergibt, dass in den letzten drei Jahren vor dem Umstellungsbeginn keine verbotenen Produktionsmittel im Betrieb eingesetzt wurden. Da meist keine Boden- oder Blattanalysen durchgeführt werden, ist diese sogenannte „soziale Zertifizierung" die Regel; und schon die nächste Ernte wird als Bioware zertifiziert. Umstellungskaffee gibt es nicht mehr am Markt (27).

Da Kleinbauern kein Geld für synthetische Produktionsmittel ausgeben können, gelten ihre Kaffeeparzellen als „passiv ökologisch"; und arme Länder wie Bolivien und Äthiopien plädieren dafür, dass ihr gesamter Kaffee aus Armutsgründen als biologisch anerkannt wird, wohl um die Zertifizierungskosten zu sparen. Diese Idee hat zweifellos ihren Charme!

Aber dieser Idee liegt ein Missverständnis zugrunde, denn es wird nicht der Kaffee, also das Produkt zertifiziert, sondern die Farm, also auch der Hausgarten für die Selbstversorgung, die insgesamt ökologisch bewirtschaftet werden muss. Eine sogenannte Parallelproduktion von ökologischer und konventioneller Produktion auf dem gleichen Betrieb ist nicht erlaubt, auch nicht, wenn diese Parzellen weit entfernt liegen, dies wird aber in der Kontrollpraxis oft „übersehen". Das europäische Biokontrollsystem stellt keine risikoorientierte Kontrolle in Drittländern sicher. Auch nach 25 Jahren permanenter Anpassungen ist es nicht in der Lage, alle Regelverstöße aufzudecken, weil die örtlichen Verhältnisse das unmöglich machen.

Bei fast allen Kulturen sind in der Umstellungsphase Ertragseinbußen zu verkraften. Nicht so bei den traditionellen kleinbäuerlichen Kaffeepflanzungen, die weltweit mehr als ein Drittel des Rohkaffees produzieren. Schon nach den ersten wenigen Umstellungsmaßnahmen wie einem Produktivschnitt der veralteten Kaffeesträucher und dem Ausdünnen der Schattenbäume kann die nächste Ernte um mehr als 30 % höher ausfallen.

Da diese Kaffeepflanzen nur selten oder nie gedüngt wurden, bringt jetzt eine organische Düngung weitere erhebliche Ertragsteigerungen. Die organischen Düngemittel wie Mist, Kompost, Regenwurmkot, Jauche, Mühlenrückstände, Blattdünger aus Pflanzenpräparaten können ohne Barmittelaufwand von den Kleinbauern selbst hergestellt werden; ebenso alle notwendigen organischen Pflanzenschutzmittel.

Im Handbuch des Co-Autors für den ökologischen Kaffeeanbau finden sich die detaillierten Rezepte zur Herstellung aller organischen Dünge- und Pflanzenschutzmittel (9). Mittlerweile bieten auch die Hersteller von synthetischen Produktionsmitteln für fast jedes chemische Produkt ein ökologisches Alternativprodukt für die Öko-Plantagen an.

Der Einsatz von Herbiziden ist im ökologischen Landbau allerdings streng verboten. In dieser Wirtschaft gibt es keine Unkräuter, nur Beikräuter; und die Unkrautbekämpfung heißt hier Beikrautregulierung. Diese Regulierung ist beim Kaffee als Schattengewächs sehr gut möglich, und sie erbringt dazu noch höhere Erträge, fördert die Resistenz gegen Pilzkrankheiten und erspart Arbeit.

Die Schattenbäume sind Leguminosen, die nicht nur das Wurzelwerk des Kaffees mit Stickstoff versorgen, sondern auch mit Mikroelementen wie Bor und Zink, die für die Qualität des Kaffees wichtig sind. Die Wurzeln der Schattenbäume wachsen tief in die Gesteinsschichten des Untergrundes und lösen dort die mineralischen Nährstoffe, die sie in ihren Blättern einlagern. Diese fallen das ganze Jahr über zu Boden und bilden dort einen immer dickeren nährstoffreichen Teppich, in den die flachen Haarwurzeln des Kaffeestrauches eindringen und sich bedienen.

Diese Schattenbäume sind nicht nur die Nährstoffpumpen für den Kaffee, sie erledigen auch die Unkrautbekämpfung, denn einmal wegen des Schattens und zum anderen wegen der humusreichen Blattschichten am Boden wächst dort kein Kraut mehr. Die Unkrauthacke, die dem Bodenleben so viel Schaden zufügt und die Erosion fördert, kann der Bauer jetzt wegwerfen.

Die Umstellung der traditionellen Kaffeepflanzungen auf den ertragreichen ökologischen Anbau erfolgt also ganz ohne Cash-Input. Erforderlich ist dafür nur das notwendige Know-How auf den Betrieben; und das ist mittlerweile weltweit und kostenlos verfügbar, auch dank der Entwicklungshilfe.

Muss man viel mehr arbeiten?

Ein Hemmnis bei der Umstellung ist der erhöhte Arbeitsaufwand. Kaffee ist eine Kultur, die zur Faulheit erzieht, weil sie sehr arbeitsextensiv betrieben werden kann, und dennoch einen – wenn auch kleinen – Ertrag abwirft. So sind die überwiegende Zahl der kleinen Kaffeebauern keine Pflanzer, sondern lediglich Kaffeepflücker. Sie erwarten von der Zertifizierung nur den höheren Preis für ihren Biokaffee, sind aber nicht immer bereit, die zusätzlichen Arbeiten für die Erneuerung ihrer Kaffeebestände, für den notwendigen

Erosionsschutz und die Beseitigung von Umweltschäden, wie Gewässerverunreinigung durchzuführen.

Betriebswirtschaftliche Aufzeichnungen im überregionalen Biokaffeeprojekt der GIZ in Kolumbien, Peru und Bolivien dokumentierten, dass sich der Arbeitsaufwand auf den Parzellen seit dem Umstellungsbeginn, das ist der Tag der Unterzeichnung des Zertifizierungsvertrages mit der Kontrollstelle, mehr als verdoppelt hat und zwar drei bis vier Jahre lang mit bis zu 240 Manntagen pro Hektar und Jahr. Danach aber, wenn die Umstellungsarbeiten weitgehend abgeschlossen sind, sinkt der Arbeitsaufwand für die jährlichen Pflegearbeiten auf nur noch 80 Manntage. Die Erntearbeiten, für die oft auch Fremdarbeiter beschäftigt werden, sind bei diesen Rehabilitierungs- und Pflegearbeiten nicht berücksichtigt.

Eine Familie kann diese Arbeiten in den Pflanzungen selber leisten, wenn ihre Fläche wie bei allen Minifundisten nicht größer als 3 ha ist – und das ist bei ca. 80 % der Kaffeebauern weltweit der Fall. Da die familieneigenen Arbeitskräfte nicht entlohnt werden, geht dieser Arbeitsaufwand nicht in die Berechnung des Deckungsbeitrags ein und erhöht somit das Familieneinkommen. Der Deckungsbeitrag (der spezialkostenfreie Rohertrag) lag in diesem Projekt bei knapp 2000 $/ha für die etablierten Biokaffeeflächen, im Gegensatz zu 750 $/ha für den traditionellen Anbau. Der Ertrag an Pergament-Kaffee (ungeschälter Rohkaffee) hatte sich von 5 dt/ha auf 20 dt/ha vervierfacht (9). In Costa Rica werden durch den Einsatz des fermentierten Boskashi-Düngers Erträge bis 50 dt/ha erzielt.

Dieses enorme Produktivitätspotenzial der kleinbäuerlichen Kaffeewirtschaft ist der Hauptgrund für das Überangebot an Biokaffee. Diese Tendenz zur Überproduktion bliebe auch dann weiterhin bestehen, wenn sich die Nachfrage erheblich steigern würde. Die Produktivität ist im traditionellen Anbau auch weitaus höher als in der konventionellen Plantagenwirtschaft, die schon vielfach ihre Ertragsgrenzen erreicht hat und auch kaum noch über Potenziale zur Kostensenkung verfügt. Die gleichen Verhältnisse finden sich auch bei anderen tropischen und subtropischen Dauerkulturen wie z B. Kakao und Bananen.

Dem Zertifikatinhaber gehört der Biokaffee

Die Kosten der Inspektion und Zertifizierung belaufen sich auf rund 1.200 $ pro Jahr bei den lokalen Kontrollstellen. Bei internationaler Zertifizierung können die Kosten gut das Doppelte betragen, wenn die Inspekteure eingeflogen werden müssen. Ein kleiner Kaffeebauer kann diese Mittel unmöglich aufbringen. Deswegen erlaubt die Ökoverordnung die Gruppenzertifizierung, wenn die Bauern sich organisieren und ihre Organisation eine eigene Rechtspersönlichkeit besitzt. Das kann eine Erzeugergemeinschaft, eine Genossenschaft, ein Verarbeitungsbetrieb oder auch ein Zwischenhändler und Exporteur sein.

Ein internes Kontrollsystem mit eigenen internen Inspekteuren, die alle Mitgliederbetriebe nach den Regeln der Kontrollstelle mindestens einmal im Jahr inspizieren, ersetzt dann die externe individuelle Inspektion aller Mitglieder. Die externe Inspektion beschränkt sich dann nur auf die Kontrolle der internen Inspektionsberichte, und kontrolliert nur noch ein Sample von mindestens 25 % der Mitgliederbetriebe direkt. Bei großen Genossenschaften mit Tausenden von Mitgliedern, wie bei den „Ejidos" in Mexiko, beträgt dies Sample nur noch die Quadratwurzel aus der Mitgliederzahl.

Sollte ein Betrieb aus dieser Auswahl gegen die Öko-Verordnung verstoßen haben wegen Anwendung unerlaubter Produktionsmittel, müsste die gesamte Organisation aberkannt werden. In der Praxis geschieht dies jedoch kaum. Der erwischte Betrieb bekommt meistens nur die Auflage, den Umstellungsprozess neu zu beginnen. Die Organisation bekommt ansonsten ihr Zertifikat. Dabei wurde die EU-Öko-Verordnung nicht geschaffen, um den Ökolandbau zu fördern, sondern um die Verbraucherrechte zu schützen.

Auch wird bei diesen externen Kontrollen, die nur einmal im Jahr stattfinden, nicht explizit auf Nachhaltigkeit geprüft, weil die EU-Kommission die Nachhaltigkeit nicht als Teil der Bioverordnung definiert und geregelt hat.

Die Organisation bezahlt die Zertifizierung und ist somit der Inhaber des Zertifikats, das auch die genaue Menge des zertifizierten Kaffees angibt, die aufgrund von Ernteschätzungen der eigenen Inspekteure ermittelt wurde. Über Lieferverträge mit den Mitgliedern sind diese verpflichtet, diese Erntemenge auch abzuliefern, damit die Organisation die Exportverträge abschließen kann.

Nun ist der Kaffeemarkt ein sehr volatiler Markt und auch die Erzeugerpreise schwanken täglich. So kommt es oft vor, dass Zwischenhändler vor Ort höhere Preise für konventionellen Kaffee zahlen als die Organisation noch bei Vertragsabschluss für Biokaffee erzielen konnte; und darunter kann die Liefertreue der Genossen schon mal leiden. Kann die Organisation deshalb den Exportvertrag nicht erfüllen, gerät sie auf die schwarzen Listen der „Green Coffee Association" bei der New Yorker Kaffeebörse und ist damit weg vom Exportmarkt.

Das Zertifikat erübrigt sich

Abgesehen davon, dass nur sehr wenige Bauernorganisationen direkt exportieren, weil Exportlizenzen schwer zu bekommen sind und sie auch nicht immer allen angelieferten Biokaffee als solchen vermarkten können, sind die Aufpreise für den Biokaffee aufgrund der Überschusssituation gesunken und liegen zwischen 5 und 15 ct/lb (die FLO-Prämie beträgt 30 ct/lb auf einen Basispreis von 1.40 ct/lb FOB). Damit decken sie kaum noch die Zertifizierungs- und Vermarktungskosten. Die erhebliche Ertragssteigerung durch die Umstellung auf den intensiven ökologischen Anbau bringt dagegen für den überzeugten Biobauern ein weitaus höheres Einkommen als dieser geringe Aufpreis.

Deshalb bedeutet es für ihn keinen Verlust, wenn er seinen Kaffee auf dem konventionellen Markt verkauft, wo er oftmals höhere Preise erzielt, wenn er gute Qualitäten abliefert, was beim Biokaffee meistens weniger oder gar nicht honoriert wird. Wie überall bestimmen aber auch am Kaffeemarkt letztendlich die Qualität und der Preis die effektive Nachfrage!

Die Ökologie ist dem traditionellen Kleinbauerntum aber anfangs nur über die Ökonomie zu vermitteln, und deshalb wird in allen Projekten zunächst mit dem Aufpreis für die Umstellung geworben. Aber schon nach ein paar Jahren ökologischen Wirtschaftens verliert dieser nur selten gezahlte Preis seine Relevanz und der erfolgreiche Biobauer stellt fest, dass er sich nicht nur den Aufpreis sondern auch das Zertifikat sparen kann.

In den Supermärkten sind die Preise für Biowaren ebenfalls drastisch gesunken, und nicht selten sind die Biobananen bei ALDI billiger als die konventionelle „Chiquita“. Auf den Wochenmärkten der europäischen Biobauern sind die Aufpreise für ihre Bioprodukte heutzutage auch viel geringer als früher. Nur bei den sogenannten Spezialröstereien ist der Biokaffee noch teuer, zu teuer! Aber deren Aufpreise kommen nicht an beim Kaffeebauer.

Da die Kleinbauern traditionell große Individualisten sind und sich nur dann organisieren, wenn sie ihre Probleme absolut nicht alleine lösen können oder die Organisationsform weitere erhebliche Vorteile für sie bringt, bietet das Biozertifikat mit seinen ökonomischen und administrativen Nachteilen keinen genügenden Anreiz mehr. Aber die sehr rentable ökologische Produktion ohne Zertifizierung erhöht das Einkommen und erhält die individuelle Freiheit.

Aufgrund der gegenüber der konventionellen, nicht sehr nachhaltigen Wirtschaftsweise sehr hohen Produktivität des nachhaltigen ökologischen

Wirtschaftens werden sich die Preise für konventionelle und ökologische Produkte auf lange Sicht und breiter Front angleichen und die Öko-Verordnung mit ihren hohen Kosten, gravierenden Kontrollmängeln und ständigen Skandalen überflüssig machen.

Bio ist längst aus der nostalgischen Nische herausgewachsen und mittlerweile auch schon teilweise industrialisiert (z. B. bei den Bio-Eiern). Unsere Nahrungsmittel werden durch das Lebensmittelrecht zur Genüge kontrolliert. Das EU-Biokontrollsystem ist dagegen geradezu naiv. Die bessere Werbung für den Kaffee ist nicht „Bio", sondern auf Dauer nur die Qualität.

Auch ist es eine von der Agrarindustrie und dem internationalen Agrarbusiness massiv geförderte Irrlehre, dass nur die konventionell industrialisierte Agrarwirtschaft die wachsende Weltbevölkerung ernähren kann. Der moderne ökologische Landbau – auch ohne Zertifikat – kann es auch, und er kann es besser wegen seiner enormen Produktivitätsreserven in den Entwicklungsländern, wo die meisten Menschen sich immer noch durch traditionelle Selbstversorgung ernähren. Futurologen wie Udo Gollup und Alejandro Guzman Stein sagen voraus, dass Boden- und Blattanalysen durch Satelliten und Drohnen durchgeführt und den Bauern in der Dritten Welt ökologisch nachhaltige Anbaupläne für die Düngung und den Pflanzenschutz kostengünstig auf ihr Smartphone geladen werden können. Nur eine Landwirtschaft, die mit den ihr zur Verfügung stehen Ressourcen ökologisch nachhaltig wirtschaftet, ist zukunftsfähig.

Verifizierung statt Zertifizierung

Die grundlegenden Standards sind bei Fairtrade, Rainforest Alliance und Utz Kapeh weitgehend gleich, aber bei der Masse der Verbraucher weitgehend unbekannt. Weil dennoch jedes Label mit seinen Standards in unseren Supermärkten punkten möchte, kommt es bei den Bauerorganisationen zu teuren Multi-Zertifizierungen. Fairtrade wirbt vor allem mit seinen sozialen Aspekten, Rainforest mit der Ökologie und Utz mit der Kinderarbeit. Sie könnten sich ohne Verlust ihrer Prinzipien und Standards zu einem Label zusammenschließen.

Hinzu kommen vielfach die Öko-Label der EU und verschiedener Kontrollstellen sowie Label von größeren Unternehmen, Importeuren oder Interessengemeinschaften wie z. B. „bird friendly coffee" für Kaffees unter bestimmten Schattenbäumen für die Zugvögel aus Kalifornien. Auch Nestlé zertifiziert

Kaffeefarmen, Zwischenhändler und Kaffeemühlen. Die Genossenschaft „La Florida“ in Chanchamayo, Peru, wirbt mit einem Dutzend Zertifikaten und Labels, steckt aber in großen Schwierigkeiten. Ihr Export ging von 2009 bis 2014 von 70.000 auf 5.000 Sack zurück. Sie hätte besser mit einer guten Qualität ihres Kaffees werben sollen. Gute Qualität braucht keine Labels.

Jedes Zertifikat verspricht den Erzeugern Extra-Geld, aber jeweils verbunden mit einer komplett neuen und teuren Zertifizierung. Und immer neue Labels kommen auf den Markt, demnächst auch das staatliche Label „Tierwohl“ für die Massentierhaltung! Eine weitere, eklatante Verbrauchertäuschung! Diese Zertifizierungen dienen nur noch dem Marketing.

Es ist ein Konkurrenzkampf um kleinste Marktanteile auf Nischenmärkten; auf dem Kaffee-Massenmarkt, dem „mainstream coffee“, spielen diese Zertifikate keine große Rolle, obwohl gerade dieser Kaffee von Drittwelt-Organisationen wie Oxfam u. a. am meisten als unfaire Kolonialware verteufelt wird.

Auf Initiative des Deutschen Kaffeeverbandes, der Deutschen Gesellschaft für Internationale Zusammenarbeit (GIZ), des Bundesministeriums für Wirtschaftliche Zusammenarbeit und Entwicklung (BMZ) und des Schweizer Staatssekretariats für Wirtschaft wurde 2002 die gemeinnützige Organisation „4C Association“, mit Sitz in Genf, gegründet, die die Arbeitsbedingungen in Anlehnung an die Bestimmungen der ILO und die Umweltstandards nach den Prinzipien des GLOBAL GAP für den Mainstream Kaffee festgelegt hat. Ihre Mitglieder, Kaffeeproduzenten, Kaffeehändler, Industrie, Röster und Organisationen der Zivilgesellschaft, verpflichten sich, den Verhaltenskodex, genannt „Common Code for the Coffee Community“ (CCCC oder 4C), einzuhalten.

2015 entsprachen 41 mio Sack Kaffee dem 4C-Regelwerk, das waren fast 30 % der Weltproduktion, produziert von 415.000 Bauern und 1.1 Millionen Arbeitern in 24 Kaffeeländern. Damit ist – weitgehend unbemerkt von den Verbrauchern - bereits ein großer Anteil des gesamten Kaffeemarktes vor Ausbeutung und Umweltverschmutzung gut geschützt, und es wurde ein viel größerer Schritt in Richtung nachhaltiger Kaffeeproduktion getan als der kurze Sprung durch teure Label. Und die Freiwilligkeit aller Beteiligten wird gewahrt.

Der Kaffeebauer, der Händler und Exporteur beurteilen selbst, ob sie den 4C-Kodex einhalten können oder nicht. Diese Selbsteinstufung wird von einem Audit der Coffee Assurance Services verifiziert. Danach bekommt diese transparente Kaffeekette die 4C-Lizenz. Die Verifizierung ist für den Bauern kostenlos; er bekommt vom Exporteur, der auch das Audit bezahlt, sogar einen kleinen Bonus von 2 bis 4 ct/lb je nach Qualität.

Auf den Packungen mit 4C-Kaffee steht kein neues Label! Die 4C-Initiative wirbt nur auf bescheidenen kleinen Hinweisen in den Cafés und Supermärkten auf die Nachhaltigkeit dieses Kaffees, auch um den anderen Labels keine Konkurrenz zu machen. Dennoch wird vor allem von Fairtrade heftige Kritik an dieser Initiative geäußert, wegen des „self assessment", der Freiwilligkeit und der fehlenden Preisgarantie, wie sie angeblich durch das Fairtrade-Siegel garantiert wird.

Müllers Müll

Der 4C-Kaffee müsste auch von der Kaffeesteuer befreit werden, wenn der Fairtrade Kaffee davon befreit wird, wie Entwicklungsminister Gerd Müller das vorschlägt, denn er wird auch ohne illegale Kinderarbeit und ohne Raubbau an der Natur produziert. Somit wäre dann ein Drittel des Kaffees von der Steuer befreit, womit klar wird, dass es sich wieder um einen nicht zu Ende gedachten, völlig unrealistischen, aber sehr populären Vorschlag handelt; genau wie sein anderer romantischer Vorschlag, keinen Kakao, sondern die Tafel Schokolade und die Pralinen aus der Elfenbeinküste zu importieren. Bevor wir Steuern an die Label-Vereine verschenken, sollten wir doch einmal etwas näher hinsehen, was bisher mit den Aufpreisen und den Fördermitteln gemacht wurde.

Wegen der sehr geringen Preiselastizität der Nachfrage wird der Kaffeekonsum nach der Steueraussetzung nicht oder nur geringfügig steigen. Kaffee ist als Genussmittel steuerpolitisch nur sehr bedingt steuerbar. Trotz der sehr hohen Kaffeesteuer (2,19 €/kg Röstkaffee) liegt der Pro-Kopf-Konsum in Deutschland mit über 7 kg Rohkaffee im europäischen Vergleich nach Skandinavien mit an der Spitze, obwohl die Kaffeesteuer in den übrigen Ländern vergleichsweise sehr gering ist.

In zehn Jahren wird es laut Müller nur noch „fairen" Kaffee und „fairen" Kakao am Markt geben. Viel wahrscheinlicher ist jedoch, dass es dann wie in den meisten anderen europäischen Ländern auch in Deutschland keinen Entwicklungsminister mehr gibt, wenn die Entwicklungspolitik in die Außenpolitik integriert wird, was dringend notwendig erscheint (37). Populistische Entwicklungsziele der Armutsbekämpfung (wie auch die Milleniumsziele, der Marshall Plan für Afrika und die Agenda 2030), die immer neue Milliarden an Steuergelder erfordern, sind letztendlich dann wieder der traurige Nachweis für das Scheitern unserer Entwicklungspolitik bei der Bekämpfung der Armut und der Immigration.

8. Ungesund? Nicht die Bohne!

Gift im Kaffee

Nicht nur die amtlichen Lebensmittelkontrolleure, sondern auch die Verbraucherverbände suchen permanent nach den gesundheitsschädlichen Rückständen von chemischen Pflanzenschutzmitteln in unserer Nahrung. Im Kaffee suchen sie danach aber vergebens.

Die beiden Kaffeebohnen sind in der Kaffeekirsche genauso gegen Umwelteinflüsse geschützt wie die Zwillinge im Mutterleib. Auch die Spritzmittel dringen nicht bis zu ihnen vor. Aber bestimmte Insektizide und Nematizide, die nicht im Boden abgebaut werden, können über die Wurzel aufgenommen und in den Bohnen gelagert werden. Das sind vor allem die schwer abbaubaren Phosphoride und Chloride wie DDT und Aldrin, die aber schon seit vielen Jahren verboten sind, sich aber noch im Boden befinden. Dort wo damit mal eine Malariabekämpfung stattgefunden hat, ist gut 30 Jahre lang kein ökologischer Anbau mehr möglich. Vor Kurzem wurde aber auch das Herbizid Glyphosat im Rohkaffee festgestellt.

Im Rohkaffee können diese Rückstände nachgewiesen werden, im Röstkaffee aber nicht mehr. In der Tasse gibt es also keinen Unterschied zwischen konventionellen und biologischen Kaffees. Auch die Verkoster können den Biokaffee nicht schmecken, obwohl das vielfach behauptet wird.

Dennoch ist auch der Kaffee in der Tasse nicht immer frei von Giften. Mykotoxine, das sind Schimmelpilzgifte, die in sehr hoher Konzentration krebs-erregend sein können, finden sich wie viele Tausend andere Mikro-Giftstoffe nicht nur im Kaffee, sondern auch in der Schokolade, in Nüssen, Haferflocken und Erdnussbutter. Es ist schlichtweg unmöglich, ihnen zu entkommen. Sie entwickeln sich schon beim Bauern durch feuchte Lagerung des Pergament-Kaffees bei mehr als 14 % Feuchtigkeit. Sie treten deshalb auch nur sporadisch auf und bei wechselnden Provenienzen, in sogenannten Nestern.

Auch diese schimmelbildenden Keime tötet das Rösten ab; aber nicht alle wie z. B. das Ochratoxin A, das von Pilzen der Gattung Aspergillus und Penicillium gebildet wird und für das die EU Höchstgrenzen festgesetzt hat. Diese werden aber oft überschritten, unabhängig davon, ob es sich um konventionellen oder biologischen Kaffee handelt. Für unsere Gesundheit ist es also egal, welchen Kaffee wir trinken, oder – was total absurd ist – für den ohnehin medizinisch sehr fragwürdigen Kaffee-Einlauf benutzen (hierfür wird ausschließlich hochpreisiger Biokaffee empfohlen).

Für gewöhnlich kauft der Verbraucher Biolebensmittel für seine Gesundheit. Kaffee ist aber kein Nahrungs-, sondern ein Genussmittel, und Biokaffee ist keinesfalls gesünder als konventioneller Kaffee, genauso wenig wie Biobier oder Biowein. Der aufgeklärte Verbraucher kauft den Biokaffee nicht seiner Gesundheit sondern der Umwelt zuliebe. Das angeblich die Gesundheit garantierende Biozertifikat ist hier eine gut gemeinte Täuschung.

Kaffeedurst

Das Koffein im Kaffee entzieht dem Körper Wasser! So steht es noch in einem Kaffeebuch aus dem Jahr 2000 (13). Und weiter: Damit es nicht zur De hydration kommt und das Körpergewebe austrocknet, muss der Flüssigkeitsverlust unbedingt ausgeglichen werden. Zum Beispiel, indem man – wie es in den alten Wiener Kaffeehäusern üblich ist – zu jeder Tasse Kaffee ein Glas Wasser trinkt.

Ein Mythos! stellt die Deutsche Gesellschaft für Ernährung (DGE) fünf Jahre später fest (14). Ja, das Koffein regt die Darmtätigkeit und die Nierenfunktionen an und erhöht die Filtrationsleistung der Nerven. Es erweitert die haarfeinen Blutgefäße in Darm und Nieren und fördert damit die Harnproduktion und somit das Ausscheiden der Abfallprodukte, die beim Stoffwechsel anfallen. Wer mindestens zwei Tassen Kaffee am Tag trinkt, hat ein geringeres Risiko Nierensteine zu bilden.

Diese beschleunigte Wasserausscheidung bewirkt aber das Bedürfnis gleich nach dem Kaffeetrinken die Toilette aufsuchen zu müssen, und den Irrglauben, der Kaffee hätte dem Körper zusätzlich Wasser entzogen und somit den Flüssigkeitshaushalt im Körper verringert.

Die Studien der DGE ergaben aber, dass der Körper nicht mehr Flüssigkeit verliert als er mit dem Kaffee aufnimmt. Der Flüssigkeitshaushalt ist vor und nach dem Kaffeetrinken und dem darauf folgenden Wasserlassen immer derselbe.

Das heißt aber auch, dass man Kaffee nicht gegen den Durst trinken sollte, denn er füllt den Flüssigkeitshaushalt nicht auf. Wer Durst hat, also einen Flüssigkeitsmangel, sollte Wasser trinken. Ist der Durst gestillt, hilft der Kaffee, die Nieren wieder gut zu spülen; und wer satt ist, dem hilft der Kaffee bei der Verdauung.

Der allmorgendliche Kaffeedurst beruht auch nicht auf einen Wassermangel, sondern wohl eher auf einem Mangel an dem gewohnten Wohlbefinden, denn der Kaffee ist eine Droge, aber eine gesunde. Ab 5 Tassen täglich kann man jedoch abhängig werden.

Der Muntermacher

Kaffee fördert zudem die intellektuelle Leistungsfähigkeit: Schon eine Tasse bewirkt höhere Aufmerksamkeit, Konzentrationsfähigkeit und Vitalität. Und fördert die gute Laune: Depresso ...

Und keinesfalls raubt der „Wachmacher" den Schlaf. Für die einen ist er der ideale Muntermacher, für die anderen eher die Tasse zum Einschlafen, abhängig von der jeweiligen individuellen Konstitution, dem Blutdruck und weiteren physischen Gegebenheiten.

Die US-University of the Health Services empfiehlt den Muntermacher am späten Vormittag, also nach dem Frühstück, und am frühen Nachmittag, nach dem Mittagessen, weil sich um die Zeit das Wachmacher-Hormon Cortisol auf einem Tiefpunkt bewegt und das Koffein dann unsere Leistungsfähigkeit am besten fördert.

Kaffee schadet keinesfalls dem Herz oder Kreislauf und beeinflusst auch nicht die Bildung von Bluthochdruck. Bestimmte Inhalte des Kaffees können einen gewissen Schutz vor z. B. Dickdarm- oder Leberkrebs abgeben. Überhaupt sind negative gesundheitliche Probleme bei einem normalen Kaffeekonsum nicht bekannt (14).

Literaturverzeichnis

1) Ball, Daniela U.: Kaffee im Spiegel europäischer Trinksitten, Johann Jacobs Museum, Zürich, 1991
2) Bangert, Elisabeth, Mahrle, Christine: Kaffee, Sammüller Kreativ GmbH, Fränkisch-Crumbach, 2007
3) Banks, Mary: Kaffee, Die schwarze Leidenschaft, Gondrom Verlag GmbH, Bindlach, 1999
4) Baum, Holger, Dieter Offenhäußer: Kaffee, Horlemann Verlag, Unkel, 1994
5) Becker, Rainer: El proceso húmedo sin fermentación del café desde el punto de vista de la calidad sensorial. In: Café Orgánico, Producción y Comercialización en Peru Junta nacional del Café, Lima 1999.
6) Benjamin Graf Rumford: Über die Eigenschaften des Kaffees und die Kunst, ihn zu bereiten. hyperion Verlag, Freiburg, 2016
7) Darbonne, Carline, Grad. Sylvie: Die Genuss-Box Kaffee, Delius, Klasing & Co. KG, Bielefeld, 1. Auflage,
8) Deutscher Kaffeeverband: Kaffee-Bibliothek, Hamburg, 2004
9) Fischersworring Hömberg, Beatriz u. Rosskamp Ripken, Robert: Guia para la Caficultura Ecológica. GTZ, Editoral Lopez, 3. Auflage 2001
10) Glania, Guido: Das Welthandelsgut Kaffee, Europäische Hochschulschriften 1997
11) Gribat, Moritz: Kaffeehandel und Terminmärkte VDM Verlag Dr. Müller,Saarbrücken, 2006
12) Heise, Ulla: Kaffee und das Kaffeehaus, Komet Verlag GmbH, Köln, 1997
13) Heßmann – Kosaris, Anita: Kaffee: Nicht die Bohne ungesund osaik Verlag, München, 2000
14) Heßmann-Kosaris, Anita: Kaffee: Kaffee, der gesunde Muntermacher. Mosaik Verlag München, 2006
15) Hoffmann, James: Der Kaffee Atlas, Gräfe und Unzer Verlag, München, 2015
16) Hoffmann, Simone, Bernhardt, Rolf: Die Welt des Kaffees, Neuer Umschau Buchverlag GmbH, Neustadt a. d. Weinstraße, 2007
17) Hündersdorff, Richard von, Hasenkamp Holger G., Coffee a Bibliography, A Guide to the Literature of Coffee, Volume I u. II Hünersdorff, London 2002
18) Jacob, Heinrich Eduard: Kaffee, oekom verlag, München, 2006
19) Kienreich, Martin, Schwarz, Dr. Steffen: FAQ Kaffee coffee, media & event, Mannheim, 2008
20) Kingston, Lani: How to make coffee, ABRAMS, New York, 2015

21) Kullmann, Vanessa: keine große sache, Wilhelm Heyne Verlag, München, 2007
22) Kunze, Svenja, Schug, Alexander: Jacobs Kaffee, wunderbar, Edition Temmen, Bremen, 2012
23) Leeb, Thomas: Kaffee, Das Magische Elixier, C.J. Bucher Verlag GmbH, München, 2008
24) Pehle, Tobias: Das kleine Kaffee Lexikon, Dörfler Verlag, Eggolsheim,
25) Mark Pendertrast: Kaffee, wie eine Bohne die Welt veränderte. Edition Temmen, Bremen, 2006
26) Pendergrast, Mark: Beyond Fair Trade, Greystone Books Ltd., Vancouver, 2015
27) Rosskamp, Robert: La calidad del café orgánico en Peru. In: Café Orgánico, Producción y Comercialización en Peru. Junta Nacional del Café, 1999.
28) Rosskamp, Robert: Macht und Ohnmacht der Genossenschaften Lateinamerikas. In: Zeitschrift für Südamerika. Wien 1976. Heft 10. S. 5 bis 11
29) Rosskamp, Robert: Das ländliche Genossenschaftswesen Zentralamerikas zwischen Tradition und Revolution. In: Zeitschrift für ausländische Landwirtschaft. Frankfurt 1974, 13 Heft 2, S. 111–131
30) Rosskamp, Robert: Der Funktionswandel bei Agrargenossenschaften. Dissertation Hohenheim 1971. Aku-Druck, Bamberg 1971
31) Rothfos, Bernhard, Kaffee, Die Produktion Gordian – Max Rieck, GmbH, Hamburg, 1979
32) Rothfos, Bernhard: Kaffee, Der Verbrauch Gordian – Max Rieck GmbH, Hamburg, 1984,
33) Rothfos, Bernhard: Coffea Curiosa Gordian, Max Rieck GmbH, Hamburg, 1968
34) Rubach, Dr. Malte: Gesund mit Kaffee, Herbig Verlagsbuchhandlung GmbH, München, 2015
35) Schnyder, Antoinette: Wie Europa den Kaffee entdeckte, Jacobs Suchard Museum, Zürich, 1988
36) Schweiger, Thomas: Kaffeeschule, ars vivendi verlag GmbH & Co. KG, Cadolzburg, 2009
37) Seitz, Volker: Afrika wird armregiert oder wie man Afrika wirklich helfen kann, Deutscher Taschenbuch Verlag. 7. aktualisierte und erweiterte Auflage 2014
38) Teufl, Cornelia, Clauss, Stephan: Kaffee, Die kleine Schule Zabert Sandmann GmbH, München, 1998
39) Weser Kurier: Kaffee & Co, Weser Kurier Mediengruppe, Bremen, 2017

Die Autoren

Robert Rosskamp, Jahrgang 1942, ist promovierter Agrarökonom und langjähriger Mitarbeiter der Deutschen Gesellschaft für Internationale Zusammenarbeit (GIZ) und ehemaliger Leiter des überregionalen Biokaffee-Projektes der GIZ in Bolivien, Kolumbien und Peru. Seit 2000 ist er freier Consultant für Agrarvorhaben in Entwicklungsländern und ehrenamtlicher Berater des Senior Experten Service (SES). Er ist Co-Autor einiger Fachbücher für den ökologischen Kaffeeanbau.

Rolf Sauerbier, Jahrgang 1945, absolvierte nach dem Studium ein Volontariat in einer Presseagentur, arbeitete zunächst als freier Journalist, bevor er 1979 als Pressereferent zu Jacobs Kaffee nach Bremen ging. In seiner fast 25-jährigen Tätigkeit im Kaffeegeschäft widmete er sich ab 1990 verstärkt der Verbesserung der Kaffeeproduktion und -vermarktung. Er arbeitet heute ehrenamtlich für den Senior Experten Service (SES) in Kaffeeanbauländern und unterstützt Kooperativen und kleinere Unternehmen bei der Kaffeeröstung und -vermarktung.

Aus unserem Verlagsprogramm:

Krafts Foods Deutschland (Hrsg)
100 Jahre KAFFEE HAG. Die Geschichte einer Marke.
264 Seiten, ca. 260 farbige Abb., 22 x 27cm, Hardcover.
978-3-86108082-4

Svenja Kunze/Alexander Schug
Jacobs Kaffee - Wunderbar. Eine Bremer Kaffeegeschichte.
232 Seiten, ca. 250 farbige Abb., 22 x 27cm, Hardcover
978-3-8378-4015-5